dreimahl

DENISE AMANN

dreimahl

EHRLICH GEKOCHTES IN DREI GÄNGEN RESIDENZ VERLAG

Bibliografische Information der Deutschen Bibliothek
Die Deutsche Bibliothek verzeichnet diese Publikation in
der Deutschen Nationalbibliografie; detaillierte bibliografische Daten
sind im Internet über http://dnb.ddb.de abrufbar.

www.residenzverlag.at

© 2008
Residenz Verlag
im Niederösterreichischen Pressehaus
Druck- und Verlagsgesellschaft mbH
St. Pölten – Salzburg

Umschlagfotos: Stefan Scholz, Andrew Rinkhy
Fotos: Andrew Rinkhy
Umschlag/Grafische Gestaltung: Denise Amann
Satz: Silvia Wahrstätter, www.buchgestaltung.at
Gesamtherstellung: agensketterl Druckerei GmbH

ISBN 978 3 7017 3116 9

vorwort/dank 12
die menüs
die vegi-menüs

die fisch-menüs

11 madonna mia – odr: nur nia meh an gardasee!
radicchio-orangen-salat mit oliven, pochiertem flusswels & rote-rüben-sirup   68
pasta mit scharfer sardellen-jungzwiebel-kapern-paradeisersauce & parmesan   70
gelée in rot-weiß-grün (erdbeer-obers-rosmarin)   71

»damals fuhr vielleicht jede dritte vorarlberger familie im sommer an den gardasee. das einzig wirklich geniale dran – wir campten – war allerdings die auf einem gaskocher-flämmchen gekochte pasta meiner mutter. und die wasserschlacht (ich war das einzige kind). natürlich blieben auch eindrücke von den tellern der italienischen restaurants: das menü ist eines, das mit intensiven geschmacksnoten auftrumpft: fruchtig mit bitter und salzig, scharf mit salzig und sauer, süß mit bitter-mentholischer note … da fährt einem grad eine vespa über die zunge!«

12 sauer macht lustig
ceviche mit flüssigem röstpaprika und sesam-buchterl   74
räucherforellen-nudeltascherl mit hokkaido und kefir   75
joghurt-rosenwasser-tarte mit pfirsich-coulis   80

»ceviche ist ein sogenanntes kaltgegartes fischgericht mit koriander, limette, knoblauch & chili. ich lernte dieses hier kaum bekannte gericht von martin, einem peruanischen tätowierer. man kann kiloweise davon essen, am besten mit viel bier oder einem guten flascherl sauvignon blanc!«

13 fresh, fresh, exciting!
gurkengelée mit koriandertopfen und räucherforelle   82
saiblingsfilet mit basmati-wildreis-küchlein, grapefruit-creme & blattspinat   84
weiße zitronen-pfeffer-mousse-au-chocolat mit eingelegten vanille-rum-cumquats & knusperkokos   85

»hier spielen säure und auch bittere noten die hauptrollen: dieses menü ist vorzugsweise im sommer auf einer terrasse, wiese oder eigentlich auch überall sonst zu servieren, besonders, wenn man ein bisschen angeben will – mit nicht allzu großem zeitaufwand.«

14 ein hauch von klassik
karpfen mit wurzelgemüse im estragon-weißweinessig-sulz & kren-rahm   88
szegediner vom waller mit erdäpfel-lauch-tascherl   90
mandel-mohr mit nougatsauce & rhabarberkompott   91

»ja, die österreichische küche, mit all den inspirationen aus dem böhmischen und von sonst noch überall her, kann sich schon sehen lassen: ein super menü, wenn man alt-ehrwürdige von und zus bekochen möchte, ohne 3 tage in der küche stehen zu müssen …«

15 winterfischen in grenzdekadenz
rotkraut-supperl mit gedämpften räucherfisch-bällchen & orangenöl   92
in vanillebutter pochierter flusswels mit pastinaken-muskat-»mayo« und zitronen-rollgerstl   94
tarte au passionsfrucht mit mangosalat   97

»die vanille ergibt mit den nussigen knackigen rollgersten einen wunderbaren gefährten zur süßen pastinake. das beste an diesem gericht: es braucht weniger zeit als es dekadent klingt.«

die fleisch-menüs

»fußball-wm 2006: die männer schwitzen, verbrauchen endlose energien und laben sich hernach an carpaccio und hasenragout. den frauen bleibt neben dem trost, dass italien siegt, eine unwiderstehliche marzipantarte. und natürlich das wissen, dass der herd keine weibliche und fußball keine männliche domäne mehr ist ...«

»dieses menü hat durchaus etwas sinnliches. ist also quasi ein wunderbares mahl für den valentinstag. wie ich nach jahrelanger beobachtung aus der offenen küche bestätigen kann: die frauen sind die wahren leber-liebhaberinnen. also, wer kocht?«

»wenn ich im februar in indien am strand sitze und daran denke, was mir denn an österreich am meisten fehlt, sind das neben trinkbarem leitungswasser und gutem vollkornbrot immer auch speisen wie kalbswangerl und ein echt guter apfelstrudel nach omi-art ... da kommt man gern nach hause ...«

»vor mir die unendlichen hügel des südsteirischen weinlandes, unter mir die bank eines guten buschenschanks. vor mir ein teller voller lokaler ess-gedichte! diese inspirieren mich immer wieder zu neuen anekdoten und inspirationen auf der gabel.«

»mit speisen wie diesen kann man nicht nur g'standene jägersleut' beeindrucken. sie zeigen unserem gaumen von jahr zu jahr auch auf's neue, wie gut die geschmäcker der natur sind, auch bei fleischlichen genüssen!«

ufm land ufgwachsa:

ehrlich gut ist aus sich selbst heraus biologisch bzw. naturbelassen

wer mich oder mein lokal kennt, weiß, dass dort nur biologische und naturbelassene produkte verarbeitet bzw. serviert werden. biologisch zu kochen
ist einfach. im prinzip ist es wie jedes andere kochen, außer, dass man auf
einige (genmanipulierte oder behandelte) rohstoffe (und natürlich auf jegli-
che künstliche fertig- und halbfertigprodukte) verzichtet. gründe gibt es dafür
viele: geschmack, ideologie, gewissen. um nur einige zu nennen (dennoch gilt:
qualität vor dogma).

woher auch immer die motivation kommt: wenn die rohstoffe gut und ehrlich
sind, ist das, was beim verarbeiten dieser herauskommt, mit etwas übung und
gefühl, eine spannende fortsetzung davon.

ich hoffe, dass ich in euch mit diesem buch sowohl die lust auf ehrliches und
gutes aus der natur wie auch die motivation und den mut zum experimentieren
wecke …

dank

ich danke meinem großvater für seine begeisterung für gutes essen und seine
fähigkeit, diese mit uns zu teilen. meiner großmutter für ihren unterbewussten
kulinarischen feingeist und ihre güte. meiner mutter, die unermüdlich alles tut,
um menschen glücklich zu machen (und dies nicht nur mit ihrer großartigen
küche).

zur verwendung dieses buches

die rezepte sind nach menues gegliedert. so habt ihr gleich – solltet ihr lust auf mehrere gänge haben – kombinationen, die sicher passen. das bedeutet natürlich nicht, dass ihr nur in diesen vorgegebenen abfolgen kochen und essen sollt. ihr könnt natürlich mischen oder weglassen. je nach laune. die zutaten aller rezepte sind für 4 personen angegeben.

vorbereitung zum kochen

wenn ihr gäste habt, ist eine gute vorbereitung speziell wichtig, denn man kann schon am vortag viel vorbereiten, das am tag der einladung viel stress und arbeit spart. also am besten rezepte durchlesen und rausfinden, wieviel zeit man wirklich braucht (eine panna cotta zum beispiel braucht ein paar stunden, um fest zu werden, und ist daher ideal am vortag zuzubereiten) und was man einkaufen muss (auch die mengen für die anzahl essender personen berechnen).

beschaffung der produkte

naturbelassene produkte finden sich außer in bioläden und co mittlerweile sogar in den meisten supermärkten. solltet ihr bestimmte produkte oder zutaten nicht in biologischer qualität finden, achtet zumindest bei der inhaltsangabe darauf, was drin ist (keine geschmacksverstärker, etc.). wenn ich in den rezepten zitronen- oder orangenschale verarbeite, ist diese natürlich immer unbehandelt (da man sonst die ganzen spritzmittel im essen hat). sollte es euch möglich sein, kauft das fleisch vom bauernhof (eures vertrauens). manchmal ist dieser nicht zertifiziert. da sprechen dann die fleischqualiät und der gaumen dafür oder dagegen. das gilt natürlich auch für fleischereien, die näher sind als der nächste bauer. generell gilt: produkte aus der umgebung bevorzugen (wobei ausnahmen ja bekanntlich das salz in der suppe sind).

was zuhause sein sollte

im vorrats- und kühlschrank

glattes mehl (vorzugsweise glattes helles dinkelmehl), zucker (am besten rohrzucker), pinienkerne, mandeln oder cashews, nudeln, risottoreis, zartbitterschokolade, eier, parmesan, gutes olivenöl, neutrales öl zum braten und kochen, butter, balsamico-essig, wasabipulver (oder eine stange kren), zwiebeln, knoblauch, (bestenfalls frische) kräuter, kartoffeln

hardware

1 bratpfanne (lieber zu groß als zu klein), 1 schmortopf, 1–2 stielkasserolen, 1–2 weitere kochtöpfe, 1 bratform, 1 kuchenform, 2–3 kochlöffel, bratwender, gummispachtel, 1 kochmesser, 1 messer mit wellenschliff, 1–2 rüstmesser, 1 schäler, 1 schneebesen, 2–3 schneidbretter, nudelmaschine, teigroller, 1 elektro-mixer, 1 pürierstab

100 g Mandeln, gemahlen u. geröstet
150 g glattes Mehl
1 Ei
1 Msp. Salz
125 g weiche Butter

150 g Ziegenfrischkäse
2 Eier
1–2 EL Mehl
ev. Salz
1 EL Schnittlauchröllchen

mandel-ziegenfrischkäse-tartelette

rotwein risotto mit rosmarin-ofen-kürbis & parmesan
frische feige in rotwein-sirup mit ricotta

5–6 Dörrfeigen
4 EL Balsamico
1 Glas Rotwein
5 reife Birnen, geschält
2–3 EL Gelierzucker 2:1
3 EL Apfelessig
1 EL Ingwer, gerieben
2 kleine frische Chili-Schoten
Salz

1 Muffinsform (6 Mulden)
1–2 EL Mandeln, gemahlen, als Deko

Tartelette sind kleine Tartes

Alle Zutaten für den Teig gut verkneten, in Folie wickeln und kühl 30 Minuten rasten lassen. Nun den Ofen auf 190 °C vorheizen. Aus dem Teig kleine Kugeln formen, diese flachdrücken und in die Muffinsformen geben.

Alle Zutaten für die Fülle gut verrühren und in die Muffinsmulden geben. Im Ofen zuerst 10 Minuten auf Unterhitze, dann 10 Minuten auf Ober-Unterhitze backen, wenn der Ziegenkäse oben leicht gebräunt ist, sind die Tartelettes fertig. Aus dem Ofen nehmen, ein paar Minuten warten, dann aus der Form lösen und mit dem Chutney und den gemahlenen Mandeln anrichten.

mit birnen-dörrfeigen-chutney

Die Dörrfeigen halbieren und im Balsamico und dem Rotwein am besten über Nacht einweichen, abgießen und in kleine Stücke schneiden. Zusammen mit den geschälten, gewürfelten Birnen und den restlichen Zutaten in einem Topf zum Kochen bringen, 5–10 Minuten (hängt vom Flüssigkeitsgehalt der Birnen ab) unter mehrmaligem Rühren köcheln lassen, bis das Chutney eingedickt ist. In Gläser abfüllen und am besten vor Gebrauch einige Wochen stehen lassen.

Das Chutney schmeckt auch super auf einem Käseteller oder zu dunklem, gebratenem Fleisch (speziell Rind und Lamm).

mandel-ziegenfrischkäse-tartelette mit birnen-dörrfeigen-chutney

rotwein-risotto mit rosmarin-ofenkürbis & parmesan

frische feige in rotwein-sirup mit ricotta

1 großer Hokkaido-Kürbis
4 Zweige Rosmarin
Salz
3–4 EL Olivenöl

Den Ofen auf 200 °C vorheizen. Den Kürbis waschen und in 1 cm breite Spalten schneiden. Zusammen mit den abgezupften Rosmarin-Nadeln, dem Öl und dem Salz in einer Kasserole solange braten, bis der Kürbis weich ist.

1 große Zwiebel
3 Knoblauchzehen
4 EL Olivenöl
360 g Risotto-Reis
300 ml Rotwein
2 Zweige Thymian
750 ml Gemüsefond
4 EL Butter
Salz, Pfeffer

Zwiebel und Knoblauch schälen, fein würfeln und im Olivenöl glasig dünsten, den Risottoreis einrühren, mit dem Wein ablöschen und diesen unter Rühren vollständig einreduzieren lassen. Thymian zugeben, mit einem Teil des Fonds aufgießen, rühren, rühren, rühren, bis die Flüssigkeit eingekocht ist, dann wieder etwas Fond hineingießen, und weiter so fortfahren, bis nur noch ca. 100 ml Fond übrig sind. Diesen dann mit der Butter, dem Salz und etwas Pfeffer eingießen und solange kochen, bis die Butter geschmolzen ist und das Risotto schön angezogen hat. Nun ca. 2 Drittel des Parmesans einrühren, kosten, bei Bedarf noch etwas nachgeben.

150 g Parmesan, grob gerieben

Das Risotto in tiefe Teller geben, den Kürbis darauf anrichten und mit etwas Parmesan und Rosmarin bestreuen.

mandel-ziegenfrischkäse-tartelette mit birnen-dörrfeigen-chutney
rotwein-risotto mit rosmarin-ofen-kürbis & parmesan

frische feige in rotwein-sirup mit ricotta

120 g Zucker
250 ml Rotwein
250 ml Apfelsaft
1 Zweig Thymian

4 frische Feigen

300 g Ricotta
100 g Sauerrahm
1 EL Honig
1 EL Zitronensaft

Den Zucker in einer Pfanne erhitzen und warten, bis er flüssig und karamellisiert ist. Nun Wein und Saft zugießen, Thymian einlegen und auf gut die Hälfte einköcheln lassen. Die Feigen oben kreuzweise einschneiden und in den heißen Sirup legen, einmal aufkochen lassen, zudecken und ein paar Stunden bei Raumtemperatur stehen lassen. Die Feigen herausnehmen und den Sirup noch einmal auf die Hälfte einreduzieren lassen.

Den Ricotta mit den übrigen Zutaten vermischen und die Feigen samt einem Teil des Sirups darauf anrichten.

lauwarmes avocado-creme-supperl mit minz-pesto-crostini

spinat-bergkäse-knöderl mit topinambur-creme und -chips
mousse au chocolat

Den Ofen auf 200 °C vorheizen.

3 ganz reife Avocados
1 EL Zitronensaft
1 Msp. Kreuzkümmel
1 Msp. Chilipulver
1 Prise Kurkuma
500 ml warmen Gemüsefond
Salz

Die Avocados von Schale und Kern befreien und mit allen übrigen Zutaten fein pürieren. Eventuell nicht gleich den ganzen Gemüsefond beigeben, damit die Suppe nicht zu flüssig wird.

1 Bund Minze (nur Blättchen)
1 Bund Rucola
1 EL Zitronensaft
1 Zitrone, Schale
70 g Cashews, geröstet
2 EL Parmesan, gerieben

4 Scheiben Weißbrot

Die Zutaten für das Pesto vermischen und im Mörser oder in der Küchenmaschine zu einer feinen Pasta verarbeiten. Diese dann auf die Brotscheiben geben und im Ofen knusprig backen.

lauwarmes avocado-creme-supperl mit minz-pesto-crostini

spinat-bergkäse-knöderl

mousse au chocolat

Den Spinat von den großen Stielen befreien, grob hacken. Die Zwiebel fein würfeln, in der Butter anschwitzen, dann den Blattspinat zugeben und rühren, bis er zusammenfällt. Eventuell in ein Sieb geben, damit das überschüssige Wasser vom Spinat abtropfen kann. Mit den restlichen Knödelzutaten vermischen und 1 Stunde kühl rasten lassen. Dann Knödel formen und in gesalzenem Wasser 20 Minuten leicht köchelnd garziehen lassen.

Die Zwiebel fein würfeln, in der Butter-Öl-Mischung anschwitzen, in kleine Würfel geschnittenen Topinambur beigeben, kurz mit anbraten, bis er aromatisch riecht, mit etwas Wasser aufgießen und alles weichköcheln. Schlagobers und Gewürze beigeben und pürieren.

Den Topinambur mit dem Sparschäler o.ä. in ganz feine Scheibchen hobeln, im heißen Öl frittieren und auf Küchenpapier abtropfen lassen, dann mit Salz bestreuen und gleich servieren.

500 g Blattspinat, gewaschen
1 Zwiebel, geschält
500 g Semmelwürfel
300 ml lauwarme Milch
80 g Butter

mit topinambur-creme und -chips

3 Eier
Pfeffer, Salz,
Muskatnuss, gerieben
180 g würziger Bergkäse, fein gerieben

1 Zwiebel, geschält
3 EL Butter
1 EL Olivenöl
400 g Topinambur, gewaschen
100 ml Schlagobers
Salz, Muskat, Pfeffer

3 große Stück Topinambur
400 ml Öl zum Frittieren
Salz

lauwarmes avocado-creme-supperl mit minz-pesto-crostini
spinat-bergkäse-knöderl mit topinambur-creme und -chips

mousse au chocolat

330 g Zartbitterschokolade	Schokolade in einer Metallschüssel im Wasserbad schmel-
½ TL Vanillezucker	zen (möglichst, sobald die Schokolade geschmolzen ist, die
8 Eier, getrennt	Schüssel vom Wasserbad wegnehmen, damit sie nicht zu
85 g Staubzucker	heiß wird).
250 ml Schlagobers	Die Eidotter samt Vanillezucker mit dem Elektromixer ganz

330 g Zartbitterschokolade
½ TL Vanillezucker
8 Eier, getrennt
85 g Staubzucker
250 ml Schlagobers

Schokolade in einer Metallschüssel im Wasserbad schmelzen (möglichst, sobald die Schokolade geschmolzen ist, die Schüssel vom Wasserbad wegnehmen, damit sie nicht zu heiß wird).
Die Eidotter samt Vanillezucker mit dem Elektromixer ganz hell und cremig aufschlagen (ja, das erfordert Geduld!). Eiweiß mit Zucker steifschlagen. Schlagobers ebenfalls steifschlagen.
Zuerst die Schokolade vorsichtig mit der Eidotter-Creme mischen, dann Eiweiß und schlussendlich Schlagobers unterheben. Gleich 3 Stunden kühlstellen.
Nun entweder mit einem nassen (kaltes Wasser) Esslöffel oder einem Eiscreme-Portionierer Nocken abstechen.

variante: wasabi-mousse-au-chocolat

1 TL Wasabipulver
2 EL kaltes Wasser

Beides miteinander vermischen und nach der Eidotter-Creme dem Mousse zufügen. Eventuell zuerst etwas niedriger dosieren, da nicht jedes Wasabi-Pulver gleich scharf ausfällt …

variante: weißes-mousse-au-chocolat

statt dunkler weiße
Schokolade verwenden
½ TL Kardamompulver

wie oben verfahren, das Kardamom ebenfalls nach Zugabe der Eidotter-Creme unterheben.

Zu Mousse au chocolat passen sehr gut eingelegte Ingwerbirnen (geschälte und in Scheiben geschnittene Birnen in etwas Weißwein-Zuckerwasser legen, 1 TL geriebenen Ingwer und 1 EL Zitronensaft dazugeben, aufkochen, dann gleich abfüllen und verschlossen 1–2 Tage durchziehen lassen). Oder frische Kirschen. Oder Ananas.

linsensalat in gebratener zucchini mit roter zwiebel & scamorza

pikante topfenknödel mit pesto-rosso-fülle, safranfenchel & parmesan
birnen-balsamico-eiscreme mit mandelkeks

160 g Scamorza
(geräucherter Käse)
2 eher kleine Zucchini
1 rote Zwiebel, geschält
4 EL Öl
120 g Belugalinsen

Den Scamorza 1 Stunde vor dem Essen bei Raumtemperatur liegen lassen.
Die Linsen in Salzwasser ca. 20 Minuten bissfest kochen, abseihen und abschrecken.

Die Zucchini längs halbieren, in ca. 5 mm dicke Scheiben schneiden. Die Zwiebel in ca. 1 cm große Stücke schneiden und zusammen mit den Zucchini im Öl anbraten, bis die Zucchini Farbe annehmen. Salzen und pfeffern.

1 Bund Petersilie
1 EL kleine Kapern
4 EL Balsamico
12 EL Olivenöl
1 TL körniger Senf
Salz, Pfeffer

Die Petersilie grob hacken, mit den anderen Zutaten mischen und sämig rühren. Den Scamorza in Scheiben schneiden und auf dem noch warmen Salat anrichten.

Aus den Zutaten eine homogene Topfenknödelmasse machen, zudecken und im Kühlschrank 30 Minuten ruhen lassen.

Die getrockneten Tomaten aus dem Öl nehmen, mit allen übrigen Pesto-Zutaten vermischen und in der Küchenmaschine oder mit dem Pürierstab fein pürieren. Die Masse sollte recht fest sein, damit man die Knödel leicht damit füllen kann. Eventuell kurz vor Verwendung anfrieren.

linsensalat in gebratener zucchini mit roter zwiebel & scamorza
pikante topfenknödel mit pesto-
birnen-balsamico-eiscreme mit mandelkeks

Die Hände unter kaltem Wasser waschen und jeweils einen ca. Billardkugel-großen Knödel flachdrücken, einen Teelöffel Masse hineingeben und die Topfenmasse darüber schließen, leicht andrücken. Auf diese Weise 8 Knödel formen. In leicht wallendem Salzwasser 15–20 Minuten garziehen lassen.

Fenchelgrün abzupfen und aufheben. Eventuell holzige Fenchel-Stängel abschneiden und für Gemüsefond weiterverwenden. Den Fenchel in ca. ½ cm dicke Scheiben schneiden und in der Butter-Öl-Mischung von beiden Seiten scharf anbraten, mit dem Weißwein ablöschen, diesen einreduzieren lassen. Salzen, pfeffern und mit 200 ml heißem Wasser aufgießen, und ca. 5 Minuten halb zugedeckt, bis zu einer noch etwas knackigen Konsistenz schmoren.

Mit je 2 Knödeln anrichten und mit Parmesan und dem Fenchelgrün bestreuen.

600 g Topfen
125 g Brösel
50 g Mehl
3 Dotter
2 Eier
45 g warme Butter
Salz
Muskatnuss

100 g getrocknete Tomaten, in Öl
1 Handvoll Basilikumblätter od. Rucola
40 g Pinienkerne, geröstet
2 EL Parmesan, gerieben
Salz, Pfeffer

rosso-fülle, safranfenchel & parmesan

1 Briefchen Safran
2 Fenchelknollen
3 EL Butter
1 EL Olivenöl
150 ml trockener Weißwein
Salz, Pfeffer
80 g Parmesan, grob gerieben

linsensalat in gebratener zucchini mit roter zwiebel & scamorza
pikante topfenknödel mit pesto-rosso-fülle, safranfenchel & parmesan

birnen-balsamico-eiscreme mit mandelkeks

100 g Rohrzucker
30 ml Balsamico
3 – 4 sehr reife Birnen

Den Zucker mit dem Balsamico aufkochen und auf die Hälfte einreduzieren. Dann die geschälten und kleingewürfelten Birnen zugeben und mus-artig einköcheln. Abkühlen lassen.

80 g Staubzucker
2 Dotter
2 Eier
400 ml Schlagobers

Staubzucker, Dotter und Eier ganz ganz hell und schaumig mit dem Elektromixer aufschlagen. Mit dem komplett überkühlten Birnenmus vorsichtig vermischen. Schlagobers steifschlagen und vorsichtig unter die Birnen-Ei-Masse heben, in Förmchen oder eine große Form geben und je nach Größe 1½ bis 2½ Stunden gefrieren lassen. Eventuell 15 Minuten vor dem Servieren bei Raumtemperatur stehen lassen.

300 g glattes Mehl
50 g Mandeln, gerieben
50 g Haselnüsse, gerieben
70 g Zucker
1 P. Vanillezucker
1 gute Prise Salz
250 g weiche Butter

Aus den Keks-Zutaten einen glatten Teig kneten, diesen in Folie gewickelt 30 Minuten ruhen lassen, auswalken, Kreise oder ähnliches ausstechen und im vorgeheizten Ofen bei 150 °C hellgelb backen, noch warm in der Vanille-Staubzucker-Mischung wälzen.

100 g Staubzucker
1 P. Vanillezucker

pochiertes ei mit marinierten schwarzwurzeln und gratiniertem kräuterchampignon

ratatouille-gemüse mit gebratener oliven-kräuter-grießschnitte und ziegenfrischkäse
dunkle kakao-crêpes mit mascarpone-vanille-fülle und sirup-orangen

220 g Schwarzwurzeln 1 EL Zitronensaft	Die Schwarzwurzeln am besten unter fließendem Wasser schälen, in 1 cm lange Stücke schneiden und in einen Topf mit Wasser und dem Zitronensaft geben. Zum Kochen bringen, salzen und in ca. 10–15 Minuten auf die gewünschte Konsistenz kochen, abseihen.
Salz, Pfeffer 2 EL Weißweinessig 5 EL Oliven- od. Rapsöl 1 Msp. körniger Senf	Die Marinade-Zutaten vermischen und die Schwarzwurzeln damit marinieren.
4 sehr große od. 12 kleine Champignons 3–4 EL weiche Butter 4 EL gehackte Kräuter (z.B. Basilikum, Thymian, Rosmarin) Salz, Prise Muskat	Den Ofen auf 220 °C vorheizen. Die Champignons putzen (nicht waschen!), den Strunk herausbrechen. Die Butter mit den Kräutern, dem Salz und Muskat vermischen und diese dann in die Champignons füllen. Im Ofen ein paar Minuten braten, bis die Butter geschmolzen ist und die Champignons eine gute Farbe haben, herausnehmen und auf den Schwarzwurzeln anrichten.
4 Eier 2 EL Essig Prise Salz	Während die Champignons im Ofen sind, die Eier pochieren: einen Topf mit Wasser, dem Essig und Salz aufsetzen und die Eier mi einer Kelle ins kochende Wasser geben. Nach 2–3 Minuten aus dem Wasser nehmen und anrichten. Nach Wunsch mit Kräutern bestreuen.

pochiertes ei mit marinierten schwarzwurzeln und gratiniertem kräuterchampignon

ratatouille-gemüse mit gebratener oliven-kräuter-grießschnitte und ziegenfrischkäse

dunkle kakao-crêpes mit mascarpone-vanille-fülle und sirup-orangen

Salz	300 ml Wasser zum Kochen bringen, Salz nach Geschmack zufügen, Butter ebenfalls hineingeben. Dann langsam den Grieß mit dem Schneebesen einrühren (auf kleinster Flamme). Fleißig rühren, sobald die Masse fest wird, Kräuter, Oliven und Muskat beigeben und weiterrühren, bis sich die Masse vom Topfrand löst. Eventuell noch etwas nachsalzen, in eine geölte, niedrige Form geben und andrücken, etwas auskühlen lassen, damit der Grieß gut stockt und fest wird. Dann in Scheiben schneiden und in etwas Öl anbraten.
2 EL Butter	
120 g Dinkelfeingrieß	
3–4 Zweige Thymian	
1 Bund Basilikum	
20 schwarze Oliven (entsteint)	
Muskat	

1 große Zwiebel
3 Zehen Knoblauch
1 Melanzane
1 große Zucchini
1 gelbe und 1 grüne Paprika
8 reife Tomaten
(sonst lieber 1 kl. Dose Pelati)
1 TL Tomatenmark
2 Zweige Rosmarin
4–5 Zweige Thymian
Salz, Pfeffer
6–8 EL Olivenöl

Für das Ratatouille die Zwiebel und den Knoblauch schälen und in feine Würfel schneiden. Die Melanzane, die Zucchini und die Paprika in ca. 1 cm große Würfel schneiden und jedes Gemüse einzeln mit etwas Olivenöl anbraten, bis es Farbe bekommen hat. Am Schluss die Zwiebel samt Knoblauch im restlichen Öl andünsten, bis sie glasig sind, das Gemüse wieder zufügen.
Nun die in heißem Wasser blanchierten, geschälten und entstielten Tomaten in Würfel schneiden, mit dem Tomatenmark und den Kräutern zum Gemüse geben, gut durchrühren und etwas salzen. Je nachdem, wieviel Wasser das Gemüse und die Tomaten abgegeben haben, eventuell noch etwas Wasser beigeben. Das Ratatouille nun bis zur gewünschten Konsistenz (da scheiden sich ja die Geister: die einen lieben es noch etwas knackig, die anderen bevorzugen es gatschig) köcheln, salzen und pfeffern.

80 g Ziegenfrischkäse
(od. geriebener Parmesan)

Mit Ziegenfrischkäse anrichten.

pochiertes ei mit marinierten schwarzwurzeln und gratiniertem kräuterchampignon
ratatouille-gemüse mit gebratener oliven-kräuter-grießschnitte und ziegenfrischkäse

dunkle kakao-crêpes mit mascarpone-

100 ml Milch
80 g glattes Mehl
2 Eier
50 g Butter, geschmolzen
1 EL Staubzucker
1 TL Kakaopulver
1–2 EL Öl

Erst Milch mit Mehl glattrühren, dann die restlichen Zutaten unterrühren. Immer mit ein paar Tropfen Öl in der Pfanne 8 sehr dünne Crêpes backen, auskühlen lassen.

vanille-fülle und sirup-orangen

100 ml Schlagobers
1 Vanilleschote
250 g Mascarpone
½ Orange, Schale
1½ EL Zucker

2 Orangen
100 g Rohrzucker
1 Nelke

Das Schlagobers erhitzen, das Mark samt der ausgekratzten Vanilleschote hineingeben, 1 Minute sanft köcheln lassen. Schote rausnehmen, Obers abkühlen lassen und dann die restlichen Zutaten für die Fülle untermischen (nicht mit dem Elektromixer, sonst wird die Masse zu flüssig).

Die Orangen in 2 mm dicke Scheiben schneiden und 1–2 Stunden in lauwarmem Wasser einlegen. Herausnehmen und mit dem Zucker, der Nelke und 100 ml Wasser in einem Topf aufkochen, 2 Minuten köcheln lassen, dann gleich in Gläser oder ähnliches füllen, gut verschließen und am besten ein paar Tage durchziehen lassen.

statt den orangen kann man auch (wie hier im bild) zwerg-orangen (cumquats) nehmen. die zubereitung ist dieselbe, außer, dass die cumquats nur halbiert und statt in warmes wasser eingelegt, einmal in wasser aufgekocht und abgeseiht werden müssen.

büffelmozzarella, warme cherryparadeiser und basilikum-zitronen-pesto

ravioli mit süßkartoffel-fülle, brauner salbei-butter und parmesan
apfelküachle im haselnussteig und marzipan-sauce

2 Kugeln Büffelmozzarella

Den Büffelmozzarella bei Raumtemperatur eine Stunde vor dem Servieren liegen lassen, in Scheiben schneiden.

300 g Cherryparadeiser
2 EL Olivenöl
2–3 Zweige Thymian
Salz

Den Ofen auf 170 °C vorheizen, in einer ofenfesten Form die Cherryparadeiser, das Öl, Salz und die abgezupften Thymianblättchen vermischen, und im Ofen solange schmoren, bis sie Wasser lassen und leicht zusammenfallen.

1 Bund Basilikum
1 EL Zitronensaft
1 Zitrone, Schale
50 g Pinienkerne, geröstet
2 EL Parmesan, gerieben
Salz, Pfeffer
4–5 EL Olivenöl

Alle Pestozutaten, bis auf die Zitronenschale, gut pürieren, am Schluss die Schale noch kurz mitmixen, kurz stehen lassen und mit den warmen Paradeisern und dem Mozzarella servieren.

büffelmozzarella, warme cherryparadeiser und basilikum-zitronen-pesto

ravioli mit süßkartoffel-fülle, brauner salbei-butter und parmesan

apfelküachle im haselnussteig und marzipan-sauce

200 g Nudelgrieß (semola di grano duro)
2 große Eier
1 Schuss Olivenöl
1 Prise Salz

Alle Zutaten für den Nudelteig gründlich zu einem glatten Teig kneten (eventuell mehr Grieß oder, wenn der Teig etwas zu trocken ist, lauwarmes Wasser nach und nach einkneten). In Folie wickeln und bei Raumtemperatur 30 Minuten rasten lassen.

2 Süßkartoffeln (innen orange)
2 EL Parmesan
2 EL weiche Butter
1 TL glattes Mehl
Salz, Muskat

Die Süßkartoffeln samt Schale in Salzwasser weichkochen, herausnehmen, schälen und mit den restlichen Zutaten für die Fülle vermischen, im Kühlschrank festwerden lassen.

etwas glattes Mehl
100 g Butter
1–2 Handvoll Salbeiblätter

Teig mit Nudelmaschine (oder Nudelholz) auf einer bemehlten Arbeitsfläche unter mehreren Durchgängen dünn ausrollen. Mit einem Ausstecher (oder Glas) Kreise von ca. 6–7cm Durchmesser ausstechen, am Rand mit Wasser bestreichen, in die Mitte jeweils 1 TL Fülle geben, nun zum Halbmond zusammenklappen und die Ränder gut andrücken (darauf achten, dass keine Luft miteingeschlossen wird). Ravioli in siedendem Salzwasser in 2–3 Minuten al dente kochen.

variante: bittersüß

2 Stück Chicorée
2 EL Butter
½ TL brauner Zucker
100 ml Weißwein
Salz, Pfeffer

Den Chicorée längs in 1 cm dicke Scheiben schneiden und in der Butter langsam auf beiden Seiten sanft anbraten, den Zucker einrühren, etwas warten, dann mit dem Wein ablöschen, salzen und pfeffern. Die Ravioli darauf anrichten, mit Parmesan bestreuen.

80 g Parmesan, grob gerieben

Die Äpfel mit dem Kernausstecher vom Kerngehäuse befreien, die Schale mit dem Sparschäler abschälen und in ½ cm dicke Scheiben schneiden.

Das Öl in einer Kasserole erhitzen, einen Brotwürfel hineingeben, um zu kontrollieren, ob die Fritiertemperatur bereits erreicht ist. Küchenkrepp vorbereiten, auf welchem die Ringe nachher abtropfen können.

büffelmozzarella, warme cherryparadeiser und basilikum-zitronen-pesto
ravioli mit süßkartoffel-fülle, brauner salbei-butter und parmesan

apfelküachle im haselnussteig

Die Zutaten für den Teig rasch zu einer glatten Masse verrühren. Die Apfelringe in etwas Mehl wenden, durch den Teig ziehen und in das Öl geben, wenden und, sobald sie goldgelb sind, auf das Küchenkrepp geben.

Für die Sauce Marzipan in Würfel schneiden und zusammen mit dem Apfelsaft in einem Topf langsam erhitzen und glattrühren. Dann das Schlagobers einrühren und auf cremige Konsistenz einköcheln lassen.

Äpfel mit der Sauce anrichten, mit Staubzucker und etwas geriebenen Nüssen bestreuen.

2–3 mittelgroße Äpfel

70 g Haselnüsse, grob gehackt
1 TL Zucker
1 Ei
2 EL glattes Mehl
1 Prise Zimt
1 Spritzer Zitronensaft
1 Schuss Mineralwasser

ca. 1 l neutrales Öl, zum Frittieren
2–3 EL Mehl, zum Wenden

und marzipan-sauce

100 g Marzipan
100 ml Apfelsaft
50 ml Schlagobers

Staubzucker
etwas geriebene Haselnüsse

12 Stangen Spargel, am besten halb grün, halb weiß
1 TL Butter
Salz
2 EL Zitronensaft
1 Scheibe altes Weißbrot

3 EL Zitronensaft
Salz, Pfeffer
½ TL körniger Senf
9 EL Olivenöl
6–7 schwarze Oliven, entkernt u. gehackt

spargelsalat mit zitrus-oliven-marinade,

lasagne mit cherryparadeisern, blattspinat, pecorino & majoran-béchamel
tiramisu mit erdbeeren, ricotta und weißer schokolade

5–6 EL Parmesan, gerieben
2 Eier
100 ml Schlagobers
100 ml Milch
Salz, Pfeffer, Muskat

4 Scheiben Weißbrot (vom Vortag)
je 2 EL Butter und Öl

2 EL Pinienkerne, geröstet

Spargel-Enden (auf einem Brett liegend) mit einem Sparschäler von der holzigen Wand befreien. Die Spargel-Spitzen abschneiden und die Stiele mit der Butter, dem Salz, dem Zitronensaft und dem alten Brot in kochendes Wasser geben, 3 Minuten kochen, dann die Spargelspitzen dazugeben und weitere 5–6 Minuten kochen, bis der Spargel weich, aber noch etwas knackig ist (hängt natürlich auch von der Dicke des Spargels ab). Den Spargel vorsichtig in Eiswasser auskühlen lassen, abtropfen.

Alle Zutaten für die Marinade gut verrühren und den Spargel untermischen.

Alle Zutaten für die Parmesan-Ei-Mischung verrühren, die Weißbrot-Scheiben eintunken und in der Butter-Öl-Mischung auf beiden Seiten goldgelb braten.

Spargel darauf anrichten, mit den Pinienkernen und eventuell etwas Rucola servieren.

pinienkernen & parmesan-frenchtoast

lasagne mit geschmolzenen cherryparadeisern, blattspinat, pecorino & majoran-béchamel

tiramisu mit erdbeeren, ricotta und weißer schokolade

400 g Cherryparadeiser
1 Msp. Thymian
2 EL Olivenöl
Salz

1 P. Lasagneteigblätter

2 Zwiebeln, geschält
5 Knoblauchzehen, geschält
3–4 EL Olivenöl
400 g Blattspinat, zugeputzt
Salz, Pfeffer
1 Msp. Kreuzkümmel, gemahlen
½ TL Zucker

40 g Butter
40 g glattes Mehl
1 Schuss Weißwein
400 ml Gemüsefond
100 ml Schlagobers
4 Zweige Majoran, Blättchen
Salz, Muskatnuss
120 g Pecorino, gerieben

Den Ofen auf 180 °C vorheizen. Die Paradeiser mit dem Thymian, dem Olivenöl und ¼ TL Salz gut vermischen und auf ein Backblech legen. Im Ofen solange schmoren, bis die Paradeiser ganz zusammengefallen und schon etwas eingetrocknet sind. Aus dem Ofen nehmen.

Da die Lasagne nur kurz im Ofen ist, ist es besser, die Nudelblätter in reichlich Salzwasser bissfest zu kochen. Sie würden sonst nicht weich werden. Nach dem Kochen herausnehmen und in eiskaltem Wasser abschrecken, dann mit Öl bestreichen.

Die Zwiebeln und den Knoblauch fein würfeln, im Olivenöl anbraten, dann den Spinat zugeben. Unter Rühren solange braten, bis er zusammenfällt. Nun Kreuzkümmel, Salz, Pfeffer und Zucker zugeben und vom Herd nehmen.

Die Butter in einem Topf schmelzen, zügig das Mehl einrühren, mit dem Weißwein, dem Gemüsefond und dem Schlagobers aufgießen, aufkochen, dann den Majoran dazugeben und weitere 2–3 Minuten köcheln lassen. Nun mit Muskat und Salz abschmecken. Die Sauce durch ein Sieb streichen. Nur ganz wenig von der Sauce in eine gebutterte Auflaufform geben, dann eine Lage Nudelblätter, dann wieder Sauce, darauf dann Spinat verteilen. Darauf eine Lage Nudelblätter, darauf eine ganz dünne Schicht Sauce, mit den Paradeisern und der Hälfte des Pecorinos bedecken, darauf wieder Nudelblätter, dann wieder ganz wenig Sauce und darauf den restlichen Spinat verteilen. Nudelblättern daraufgeben, mit Sauce abschließen und den restlichen Pecorino darauf verteilen. Im 200 °C heißen Ofen 15–20 Minuten fertigbacken. Vor dem Anschneiden bei Raumtemperatur noch 5 Minuten überkühlen, so lässt sich die Lasagne besser schneiden.

tiramisu mit erdbeeren, ricotta und weißer schokolade

spargelsalat mit zitrus-oliven-marinade, pinienkernen & parmesan-frenchtoast
lasagne mit cherryparadeisern, blattspinat, pecorino & majoran-béchamel

200 g weiße Schokolade 200 g Ricotta	Die Schokolade in einer Metallschüssel im Wasserbad lippen-warm schmelzen, etwas abkühlen und mit dem Ricotta vor-sichtig verrühren, sodass die Mischung nicht zu flüssig wird.
1 Ei 2 Dotter 100 g Staubzucker 1 P. Vanillezucker	Ei, Dotter, Staub- und Vanillezucker mit dem Elektromixer ganz hell und cremig aufschlagen, vorsichtig unter die Schokomasse heben.
350 ml Apfelsaft 1 Schuss Rum od. Amaretto 40 Biskotten 250 g Erdbeeren 100 g weiße Schokolade	Apfelsaft aufkochen, den Alkohol einrühren, die Biskotten eintunken und in eine Form legen. Darauf den Schokolade-Ricotta geben, sodass die Biskotten gerade bedeckt sind. Erdbeeren waschen, in 1 mm dünne Scheiben schneiden und auf die Masse geben. Mit Biskotten bedecken und wie oben fortfahren, bis alles aufgebraucht ist. Die letzte Schicht soll Schoko-Ricotta sein. Kühlstellen und nach 3 Stunden auf Tellern anrichten, mit dem Sparschäler dicke Flocken von der Schokolade herunterschaben und auf das Tiramisu streuen.

gekühltes radieschengrün-joghurt-supperl mit radieschen-bärlauch-tatar

gratinierter ricotta mit kürbiskern-mürbteig und zweierlei peperonata
holunder-panna-cotta mit erdbeermus

2 Bund Radieschen mit
schönen Blättern
100 g Rucola
1 Knoblauchzehe, geschält
200 ml Joghurt
1 Prise Cayennepfeffer
2 EL Olivenöl
150 ml Sauerrahm
Salz, Pfeffer

Radieschen und das Grün sehr gut waschen. Das Radieschengrün zusammen mit dem Rucola, dem Joghurt, dem Olivenöl, Knoblauch, Salz und Pfeffer ganz fein pürieren. Am Schluss den Sauerrahm vorsichtig unterrühren, sodass die Suppe nicht zu dünnflüssig wird. Kühlstellen.

8 Radieschen
1 Handvoll Bärlauch, gehackt
1 TL Zitronenschale
1 EL Olivenöl
auf Wunsch ein paar
Scheiben Lardo

Für das Tatar die Radieschen ganz fein hacken und mit den restlichen Zutaten vermischen.

4 Scheiben Weißbrot,
getoastet

80 g Kürbiskerne, geröstet
160 g glattes Mehl
1 Ei
90 g weiche Butter

500 g Ricotta, cremig
100 ml Schlagobers (falls der Ricotta eher fest ist)
80 g Parmesan, gerieben
Salz, Pfeffer
1 TL frischer Oregano, gehackt (notfalls 1 Msp. getrockneten)
2–3 Eier
1 EL Mehl

gratinierter ricotta mit kürbiskern-

2 rote Paprika
4½ EL Olivenöl
10 Kapernbeeren, halbiert
2 Chilischoten, fein gehackt
Salz,
1 Schuss Balsamico, 1–2 EL Kernöl

Die Kürbiskerne fein hacken, mit den restlichen Mürbteig-Zutaten zu einem glatten Teig verkneten, mit Folie abdecken und gekühlt 15 Minuten ruhen lassen. Den Teig in eine ofenfeste Form drücken (geht hier besser als aus-walken, wegen der Kürbiskerne).

gekühltes radieschengrün-joghurt-supperl mit radieschen-bärlauch-tatar

mürbteig und zweierlei peperonata

holunder-panna-cotta mit erdbeermus

Den Ofen auf 200 °C vorheizen. Alle Zutaten für die Ricotta-Masse gut verrühren, auf den Mürbteig geben, und im Ofen solange backen, bis der Ricotta stockt (ca. 20 Minuten).

Die Paprika längs halbieren, Kerne, Stiel und weiße Trennwände heraus-nehmen, nun mit der Schnittfläche nach unten auf ein geöltes (½ Teelöffel Öl) Backblech legen und im Ofen bei 220 °C solange braten, bis die Haut schwarz wird. Herausnehmen, sofort ein befeuchtetes Tuch darübergeben, auskühlen lassen, dann die Haut vorsichtig abzupfen. Die Hälfte davon in feine Streifen schneiden und zusammen mit den Kapernbeeren zum Ricotta geben, mit Kernöl dekorieren. Die zweite Hälfte mit Chili, dem restlichen Olivenöl und Balsamico fein pürieren und ebenfalls zum Ricotta geben.

gekühltes radieschengrün-joghurt-supperl mit radieschen-bärlauch-tatar

gratinierter ricotta mit kürbiskern-mürbteig und zweierlei peperonata

holunder-panna-cotta mit erdbeermus

500 ml Schlagobers
5–6 Holunderblüten
1–2 EL Zucker
1 P. Vanillezucker
6 Blatt Gelatine, in kaltem
Wasser eingeweicht

200 g Erdbeeren
1 EL Zitronensaft
1 TL Grappa od.
1 EL Erdbeerlikör
evtl. Zucker

Das Schlagobers aufkochen, die Blüten dazugeben und unter Beobachtung 4–5 Minuten köcheln, damit die Blüten den Geschmack an das Schlagobers abgeben. Abseihen. Das Schlagobers nun mit den restlichen Zutaten vermischen und in Förmchen füllen. Im Kühlschrank 2–3 Stunden fest werden lassen. Die Förmchen kurz in heißes Wasser tauchen, die Masse mit einem Messer aus der Form lösen und auf Teller stürzen.

Die Erdbeeren mit den restlichen Zutaten pürieren und mit dem Panna-cotta anrichten.

geeistes rote-rüben-supperl

scharfer kürbis in kokosmilch mit koriander-buchtel
tarte tatin aux bananes mit limetten-eiscreme

400 g Rote Rüben	Die Roten Rüben waschen und in reichlich Wasser weichkochen, abschrecken, schälen und würfeln.
2 Zwiebeln 3 EL Öl Salz, Pfeffer 1 Schuss Balsamico	Die Zwiebeln schälen, klein würfeln und im Öl glasig dünsten. Rote Rüben dazugeben, kurz mitbraten, mit einem halben Liter Wasser, etwas Salz und dem Balsamico aufgießen, 15 Minuten köcheln, fein pürieren, auf Wunsch passieren. Evtl. nachsalzen und noch etwas Balsamico hinzufügen. Sobald das Supperl Raumtemperatur hat, im Kühlschrank erkalten lassen (ca. 3–4 Stunden).
½ TL Wasabi-Pulver 100 ml Sauerrahm Salz	Das Wasabi-Pulver mit 2 EL kaltem Wasser cremig rühren, Sauerrahm und Salz dazugeben, auf jede Portion Suppe einen Klecks Rahm geben.

mit wasabi-rahm

scharfer kürbis

1 kleiner Butternuss-Kürbis 1 kleiner Hokkaido	Butternuss-Kürbis schälen, entkernen, und in ca. 1 cm große Würfel schneiden. Hokkaido gut waschen, nicht schälen und auch würfeln.
2–3 Bund Koriander, Stängel 2 Knoblauchzehen, geschält 3–4 Chilischoten, entkernt 1 EL Ingwer, gerieben 1 TL Kurkuma 4 EL Öl	Aus Koriander und den restlichen Zutaten eine Paste machen.

1 kleiner Butternuss-Kürbis
1 kleiner Hokkaido

2–3 Bund Koriander, Stängel
2 Knoblauchzehen, geschält
3–4 Chilischoten, entkernt
1 EL Ingwer, gerieben
1 TL Kurkuma
4 EL Öl

1 Bund Frühlingszwiebeln
1 TL schwarze Senfsamen
2 EL Öl
700 ml Kokosmilch
1–2 EL Zitronensaft
Salz

2–3 Bund Koriander, Blätter
2–3 EL Olivenöl
40 g Cashews, geröstet
Salz
½ Zitrone, Schale
1 EL Parmesan

1 Würfel Hefe (42 g)
250 ml lauwarme Milch
1 EL Zucker
500 g glattes Mehl
80 g Butter, geschmolzen
1 Ei
1 Eidotter

etwas weiche Butter
für die Form

Butternuss-Kürbis schälen, entkernen, und in ca. 1 cm große Würfel schneiden. Hokkaido gut waschen, nicht schälen und auch würfeln.

Aus Koriander und den restlichen Zutaten eine Paste machen.

Das Weiße der Frühlingszwiebeln in dünne Scheiben schneiden, im Öl kurz anbraten, die Senfsamen und die Korianderpaste dazugeben, unter Rühren solange rösten, bis es stark duftet, aber nicht anbrennt. Nun die Kokosmilch dazugießen und aufkochen. Kürbiswürfel dazugeben und weichdünsten. Dann den Zitronensaft und Salz zugeben.

Korianderblätter und die restlichen Zutaten gut pürieren, kühlstellen.

Die Hefe mit der Milch, dem Zucker und 2 Esslöffel Mehl glattrühren und an einem warmen Ort 10 Minuten aufgehen lassen. Diese Mischung nun mit den restlichen Zutaten zu einen geschmeidigen Teig verkneten, diesen zugedeckt (mit einem Tuch) an einem warmen Ort gehen lassen, bis er das doppelte Volumen hat. Dann Kugeln wegzupfen, flachdrücken (am besten geht das mit in geschmolzene Butter getunkten Händen) und in jede Buchtel 1 Teelöffel Korianderpesto geben. Den Teig darüber zusammendrücken und mit der Schließfläche nach unten in die gebutterte Form geben. Am Schluss alle Buchteln mit Butter bestreichen. Noch einmal abgedeckt gehen lassen, währenddessen den Ofen auf 180 °C vorheizen. Die Buchteln darin auf der unteren Schiene goldgelb backen, leicht überkühlen, mit dem Kürbis und dem restlichen Korianderpesto servieren.

geeistes rote-rüben-supperl mit wasabi-rahm

in kokosmilch mit koriander-buchtel

tarte tatin aux bananes mit limetten-eiscreme

geeistes rote-rüben-supperl mit wasabi-rahm

scharfer kürbis in kokosmilch mit koriander-buchtel

tarte tatin aux bananes

2 Eier
2 Dotter
120 g Staubzucker
2 EL Limettensaft
1 EL Rum
2 Limetten, Schale
Kerne von ½ Granatapfel
500 ml Schlagobers

200 g Mehl
60 g Zucker
100 g weiche Butter
1 Ei
Prise Salz

Eier, Dotter und Zucker sehr hell und cremig aufschlagen. Langsam Limettensaft und Rum unterheben. Limettenschale und Granatapfelkerne zugeben. Schlagobers steifschlagen und vorsichtig unterheben. Masse in ein Gefäß füllen und 2 Stunden tiefkühlen.

mit limetten-eiscreme

80 g Zucker
2 EL Butter
4 Bananen, in Scheiben geschnitten
1 Dotter mit 1 EL Schlagobers verquirlt

Zutaten für den Mürbteig zu einem geschmeidigen Teig kneten, mit Folie abdecken und im Kühlschrank 15 Minuten rasten lassen.

Ofen auf 170 °C vorheizen. In einer beschichteten, Ofen geeigneten Pfanne Zucker schmelzen und evtl. unter Rühren karamellisieren. Sofort Butter zugeben, gut verrühren, Bananen in die Pfanne einlegen. Mürbteig auf einer bemehlten Fläche ausrollen und auf die Bananen legen. Mit dem Dotter-Schlagobers bestreichen und im Ofen auf der unteren Schiene ca. 15–20 Minuten backen, bis der Teig goldgelb ist. Aus dem Ofen nehmen und 10 Minuten überkühlen. Dann einen Teller auf die Pfanne legen und rasch umdrehen, sodass die Tarte auf den Teller fällt.

Mit der Eiscreme servieren.

warmer radicchio mit walnuss-stangerl & blauschimmelkäse-dressing

nudeltascherl mit bleu-d'auvergne-fülle, birnen-curry-sauce & orangen-salbei-gremolata
karamellisierter pfirsich mit eisenkraut-eiscreme

4 Stk. Radicchio treviso od. ein anderer Radicchio nach Angebot
2 EL Olivenöl
Salz, schwarzer Pfeffer
1 EL Honig
1 Schuss Weißwein od. Apfelsaft

Den Radicchio waschen und den unteren Struntteil (also der eher weiße, bitterere Teil) im Falle des Treviso in 2 cm lange Streifen, im Falle von großblättrigem Radicchio in 1 cm breite Streifen schneiden und im Öl 10 Sekunden anschwitzen. Nun den restlichen, ebenfalls kleiner geschnittenen Teil des Radicchio dazugeben, kurz durchschwenken, salzen, pfeffern und den Honig darüberziehen, kurz umrühren, mit dem Wein oder Saft ablöschen, gleich auf Teller verteilen.

1 Blätterteig, ausgewalkt
1 Ei
120 g Walnüsse, gerieben
grobes Meersalz
Backpapier

Den Ofen auf 200° vorheizen. Den Blätterteig mit dem verquirlten Ei bestreichen, die Nüsse darauf verteilen, salzen, zusammenklappen, wieder mit Ei bestreichen und in 1 cm breite Streifen schneiden. Diese an beiden Enden fassen, spiralförmig eindrehen und ebenso auf ein mit Backpapier ausgelegtes Backblech legen. Nach Belieben mit grobem Salz bestreuen. Im Ofen goldgelb backen.

80 g würziger Gorgonzola
2 EL Weißwein-Essig
Pfeffer, evtl. Salz
1 EL Olivenöl

Für das Dressing den Käse mit 2–3 EL Wasser in einem kleinen Topf unter Rühren schmelzen, auskühlen lassen und dann die restlichen Zutaten zufügen. Dressing auf dem Radicchio verteilen und das Nuss-Stangerl darauflegen.

140 g Bleu d'Auvergne
od. anderer würziger
Blauschimmelkäse
100 g Ricotta
1 Eidotter
1 EL Mehl
1 EL Semmelbrösel
Salz, schwarzer Pfeffer

200 g Dinkelfeingrieß
100 g glattes Mehl
3 Eier
Prise Salz
1 TL Olivenöl

1 EL Butter
1 TL Olivenöl
2 mittelreife Birnen, geschält
1 TL Senfsamen
2 TL Currypulver
1 Schuss Weißwein
Salz, Pfeffer

warmer radicchio mit walnuss-stangerl & blauschimmelkäse-dressing

nudeltascherl mit bleu-d'auvergne-fülle,

karamellisierter pfirsich mit eisenkraut-eiscreme

2 EL Semmelbrösel
1 EL Olivenöl
1 EL Walnüsse, gerieben
15 große Salbeiblätter
1 Orange, Schale
Salz, Cayennepfeffer

Alle Zutaten für die Fülle gut vermischen, kühlstellen.

Aus den Teigzutaten einen geschmeidigen Teig kneten, je nach Eigröße evtl. noch etwas Wasser oder Grieß zugeben. In Folie wickeln und 30 Minuten bei Raumtemperatur rasten lassen. Mit der Nudelmaschine in mehreren Durchgängen dünne Teigbahnen herstellen und auf eine bemehlte Arbeitsfläche legen. Mit je 1 TL Fülle belegen und alle Ränder mit etwas Ei bestreichen. Die Teigplatte über der Fülle zusammenklappen, andrücken (so, dass keine Luft im Tascherl ist) und die Tascherl mit einem Teigrad oder Messer auseinanderschneiden.

Die Butter und das Öl zusammen erhitzen, die in ½ cm große Würfel geschnittenen Birnen darin gut anschwitzen, dann die Senfsamen und das Currypulver dazugeben und solange anrösten, bis es intensiv riecht. Nun mit dem Weißwein ablöschen, diesen einreduzieren lassen und dann mit soviel Wasser aufgießen, dass die Birnen knapp bedeckt sind, und diese weichköcheln. Ein Drittel der Mischung aus dem Topf nehmen, den Rest mit Salz und Pfeffer pürieren, die restlichen Birnenwürfel wieder hinzugeben. Die Sauce sollte sehr dick sein.

Für die Gremolata die Brösel im Olivenöl anschwitzen, dann kurz die Nüsse und den in feinste Streifen geschnittenen Salbei hinzufügen, 20 Sekunden unter Rühren mitrösten. Nun die Orangenschale, Salz, Pfeffer dazugeben.

Nudeltascherl in reichlich Salzwasser bissfest kochen, mit Sauce und Gremolata anrichten.

birnen-curry-sauce
& orangen-salbei-gremolata

bleu, mon dieu – odr: do zücht's am d'socka us!

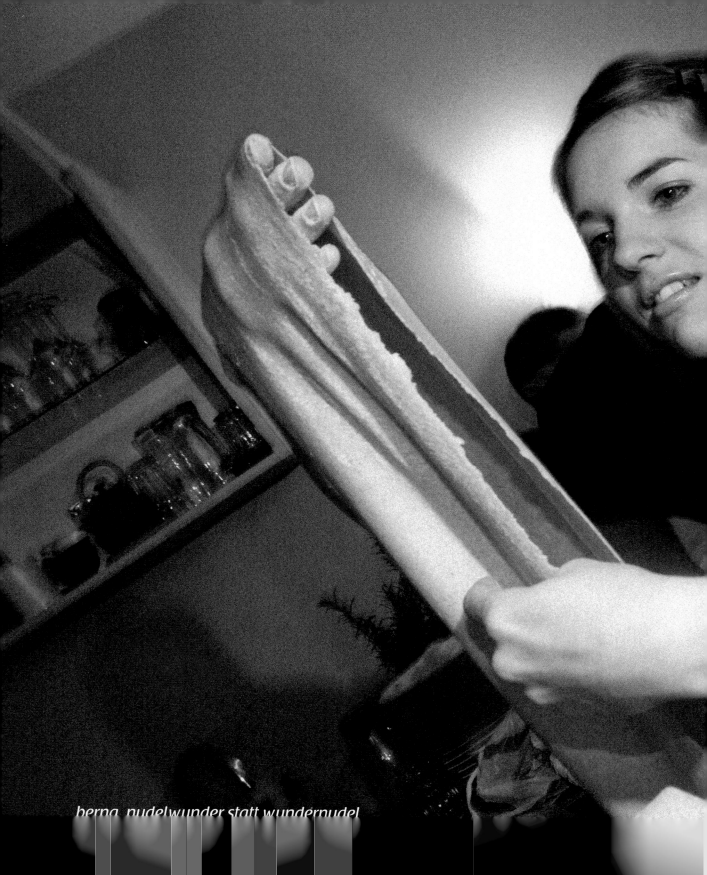

berna. nudelwunder statt wundernudel

karamellisierter pfirsich mit eisenkraut-eiscreme

warmer radicchio mit walnuss-stangerl & blauschimmelkäse-dressing
nudeltascherl mit bleu-d'auvergne-fülle, birnen-curry-sauce & orangen-salbei-gremolata

2 große, reife Pfirsiche
2 EL brauner Zucker
1 EL Butter
100 ml Orangensaft

Pfirsiche halbieren und entkernen.
Zucker in einem Topf schmelzen und unter Rühren bräunen, die Butter unterrühren und dann sofort den Orangensaft zugießen, die Pfirsiche mit der Schnittfläche nach unten in das Karamel legen, vom Feuer nehmen und zudecken.

250 ml Schlagobers
1 Handvoll Eisenkraut-Tee
2 Dotter
2 Eier
120 g Staubzucker
1 EL Cointreau od. weißer Rum

50 ml Schlagobers aufkochen, den Tee einrühren und 5–6 Minuten ziehen lassen. Abseihen und auskühlen lassen. Die Dotter, die Eier und den Zucker mit dem Mixer ganz hell (!) und cremig aufschlagen. Das restliche Schlagobers halbsteif schlagen, das Tee-Schlagobers dazugeben und weiterschlagen, bis es steif ist. Nun die beiden Massen vorsichtig vermischen, den Alkohol unterheben und für mindestens 2 Stunden tiefkühlen. Zusammen mit dem Pfirsich anrichten.

süßkartoffel-supperl mit ingwer & mandelöl

maroni-tagliatelle mit flambierter birne, balsamico-sirup & ziegenfrischkäse
halbflüssiger schokoladekuchen mit safran-dörrmarillen

1 Zwiebel	Die Zwiebel schälen, in feine Würfel schneiden und in der Butter vorsichtig anschwitzen. Nun die geschälten, in 1 cm große Würfel geschnittenen Süßkartoffeln und den Apfel dazugeben, kurz umrühren, anbraten und mit soviel Wasser aufgießen, bis diese bedeckt sind. Weichköcheln.
2 EL Butter	
2–3 Süßkartoffeln (innen orange)	
1 Boskop-Apfel (säuerlich)	
Salz	
1 EL Ingwer, fein gerieben	Nun den Ingwer zugeben und die Suppe pürieren. Mit Salz abschmecken.
1–2 TL Mandelöl, geröstet	
4 Scheiben Weißbrot	Mit dem Mandelöl und getoastetem Weißbrot servieren.

maroni-tagliatelle mit flambierter birne, balsamico-sirup & ziegenfrischkäse

halbflüssiger schokoladekuchen mit safran-dörrmarillen

150 g Maronimehl 150 g glattes Mehl 3 Eier 1 gute Prise Salz 1 TL Olivenöl	Die Teigzutaten zu einem glatten Teig verkneten, eventuell noch etwas Wasser (falls der Teig zu krümelig oder trocken ist) oder glattes Mehl (falls der Teig zu feucht ist) unterkneten. In Plastikfolie wickeln und bei Raumtemperatur 30 Minuten rasten lassen.
150 ml Apfelsaft 70 g Rohrzucker 75 ml Balsamico	Währenddessen den Apfelsaft, Zucker und Balsamico in einer Kasserole solange einköcheln, bis er sehr dickflüssig wird.
3 Williamsbirnen 2–3 EL Cointreau 3–4 Frühlingszwiebeln 3 EL Olivenöl Salz, Pfeffer	Die Birnen waschen, entkernen und in Spalten schneiden. Das Weiße der Frühlingszwiebeln in Ringe schneiden und im Olivenöl zusammen mit den Birnen anbraten. Den Cointreau dazugießen und mit einem Feuerzeug anzünden. Gut durchrühren, bis das Feuer erlischt. Nun das in Ringe geschnittene Grün der Frühlingszwiebeln dazugeben, salzen und pfeffern.
	Genügend Salzwasser zum Kochen bringen.
180 g Ziegenfrischkäse	Für die Tagliatelle den Teig dritteln und den ersten Teil sehr dünn auswalken. Gut mit Mehl bestäuben und den Teig einrollen. Nun diese Rolle in dünne Nudeln schneiden, etwas auseinanderschütteln und im Salzwasser ganz kurz al dente kochen. Zu den Birnen geben und den Käse hineinbröckeln, kurz umrühren, auf Teller geben und mit dem Balsamico-Sirup beträufeln und den Ziegenfrischkäse darüberbröckeln.
	Maronimehl gibt's im Bioladen

süßkartoffel-supperl mit ingwer & mandelöl
maroni-tagliatelle mit flambierter birne, balsamico-sirup & ziegenfrischkäse

halbflüssiger schokoladekuchen mit

150 g Butter
150 g Zartbitter-Schokolade
3 Eidotter
3 Eier
60 g Staubzucker
30 g Mehl
1 Prise Zimt
weiche Butter für die Förmchen
etwas Mehl für die Förmchen

16 Stk. Dörrmarillen
2–3 Kardamom-Kapseln
1 Prise Safranfäden
1 TL Honig

Den Ofen auf 170 °C vorheizen. Ofenfeste Förmchen (ca. 130 ml Inhalt), z.B. Kaffeetassen, Dariolformen oder ofenfeste Gläschen, die unten etwas abgerundet sind, damit man die Kuchen wieder aus der Form bekommt, herrichten. Diese innen mit Butter bestreichen und mit Mehl stauben. Weiters eine Auflaufform mit ca. 2 cm Wasser füllen und diese bereits in den Ofen geben.

Die Schokolade mit der Butter vorsichtig unter Rühren in einem Topf schmelzen. Die Eier mit den Dottern ganz hell aufschlagen, nach und nach den Staubzucker dazugeben. Die Eiercreme nun mit dem Mehl und dem Zimt vorsichtig unter die abgekühlte Schokomasse heben und ca. 80 ml der Mischung in die Förmchen füllen. In das Wasserbad im Ofen stellen und in ca. 15 Minuten fertig backen.

Die Marillen mit den angedrückten Kardamom-Kapseln und mit Wasser bedeckt in einen Topf geben und 20 Minuten ganz sanft köcheln lassen. Vom Feuer nehmen und den Safran und Honig unterrühren. 30 Minuten ziehen lassen.

safran-dörrmarillen

radicchio-orangen-salat mit oliven,

600 ml Rote Rübensaft
1 Schuss Balsamico
150 g Zucker

Den Rote Rübensaft mit dem Balsamico und dem Zucker solange einköcheln, bis er eindickt, abkühlen lassen.

1 mittelgroßer Radicchio
7 Orangen
16 schwarze Oliven, mit Stein
2 Zitronen, Saft
100 ml Olivenöl
Salz, Pfeffer

Den Radicchio in ganz feine Streifen schneiden, die Schale von 3 Orangen wegschneiden und die Filets herauslösen. Die Oliven entsteinen und grob hacken. Den Saft der restlichen 4 Orangen und die Zitronen pressen und in einem Topf den Orangensaft mit der Hälfte des Zitronensaftes auf die Hälfte einköcheln lassen. Nun mit dem Olivenöl, Salz und Pfeffer pürieren, bis der Saft bindet. Diese Marinade nun unter den Radicchio, die Orangen und Oliven mischen.

2 Lorbeerblätter
Salz
1–2 Thymianzweige
1 EL Butter
4 Flusswelsfilets (á 100 g)

Den restlichen Zitronensaft mit 150 ml Wasser und den restlichen Zutaten aufkochen, die Welsfilets einlegen und zugedeckt sanft 3–4 Minuten garziehen lassen.

pochiertem flusswels & rote-rüben-sirup

pasta mit scharfer sardellen-jungzwiebel-kapern-paradeisersauce & parmesan
gelée in rot-weiß-grün (erdbeer-obers-rosmarin)

radicchio-orangen-salat mit oliven, pochiertem flusswels und rote-rüben-sirup

pasta mit scharfer sardellen-jungzwiebel-kapern-paradeisersauce & parmesan

gelée in rot-weiß-grün (erdbeer-obers-rosmarin)

1 Bund Frühlingszwiebeln
4 EL Olivenöl
20 Sardellenfilets
3–4 frische Chilischoten od.
½ TL Chilipulver (je nach Schärfe)
1 EL Tomatenmark
1 kl. Glas Kapern
150 ml Weißwein

400 g Spaghetti od. andere Pasta
Salz
180 g Parmesan

Das Weiße von den Frühlingszwiebeln in feine Ringe schneiden und im Öl glasig braten. Nun die kleingehackten Sardellen und den kleingeschnittenen Chili (ohne Samen) dazugeben, kurz umrühren, dann Tomatenmark und Kapern einrühren. Mit dem Weißwein ablöschen und leicht einköcheln lassen, bis die Sauce eindickt. Durch die Sardellen ist die Sauce ziemlich sicher salzig genug. Falls nicht: nachsalzen nach eigenem Ermessen.

Die Spaghetti in reichlich Salzwasser bissfest kochen und mit der Sauce und dem Parmesan anrichten.

radicchio-orangen-salat mit oliven, pochiertem flusswels und rote-rüben-sirup
pasta mit scharfer sardellen-jungzwiebel-kapern-paradeisersauce & parmesan

gelée in rot-weiß-grün (erdbeer-obers-rosmarin)

6 Blatt Gelatine	Die Gelatine in kaltem Wasser einweichen. 4 Förmchen für das Gelée bereithalten.
500 ml Schlagobers 2–3 EL Zucker 2 Zweige Rosmarin	Schlagobers mit dem Zucker und dem abgezupften, grob gehackten Rosmarin aufkochen und ca. 15 Minuten ziehen lassen. Dann die ausgedrückten Gelatine-Blätter einrühren. Die Flüssigkeit in die Förmchen füllen und im Kühlschrank fest werden lassen (10 Minuten vor dem Servieren aus dem Kühlschrank nehmen).
200 g Erdbeeren 1 TL Zucker 1 EL Olivenöl 1 Schuss Himbeergeist	Drei Viertel der Erdbeeren vom Grün befreien, etwas kleiner schneiden und mit den restlichen Zutaten pürieren. Gemeinsam mit dem Gelée und den restlichen Erdbeeren anrichten.

Wer es einfacher, aber auch gefinkelt mag: 500 ml Schlagobers mit 2–3 EL Zucker und 10 grob gehackten, frischen Minzblättchen aufkochen, abseihen und 5 Blatt in kaltem Wasser eingeweichte Gelatine einrühren, abfüllen und kühlstellen. Die Erdbeeren können dazu als Salat mit Pistazien und etwas Zitronensaft und Cointreau serviert werden.

voilà! für ceviche ist kein fisch zu frisch

ceviche mit flüssigem röstpaprika und sesam-buchterl

räucherforellen-nudeltascherl mit hokkaido und kefir
joghurt-rosenwasser-tarte mit pfirsich-coulis

20 g Hefe
125 ml lauwarme Milch
1 TL Zucker

Die Hefe mit der Milch, dem Zucker und einer Prise Mehl verrühren und an einem warmen Ort 10 Minuten gehen lassen. Das Backofen auf 180 °C vorheizen.

2 rote Paprika

Die Paprika längs halbieren, die Kerne und die weißen Trennhäute herausnehmen, mit der Schnittfläche nach unten auf ein Blech legen und im Ofen solange braten, bis die Haut schwarz wird und Blasen wirft. Herausnehmen und mit einem feuchten Tuch bedecken.

300 g Mehl
120 g Butter, geschmolzen
1 Eidotter
½ TL Salz

Nun den Hefeansatz mit 80 g der Butter, dem Eidotter, dem Mehl und dem Salz zu einem glatten, weichen Teig verkneten. In eine Schüssel geben und mit einem Tuch bedeckt solange an einem warmen Ort gehen lassen, bis der Teig auf die doppelte Größe aufgegangen ist. Währenddessen die Sesamfülle-Zutaten gut vermischen, eventuell salzen.

2 EL Sesamsamen, geröstet
2 EL Tahin (Sesampaste)
1 TL Honig
1 TL Zitronenschale

350 g Heilbutt- od. Saiblings-filet (od. anderes, größtenteils grätenfreies Fischfilet)

Den Fisch in 1 cm große Würfel schneiden und mit den Marinade-Zutaten vermischen. 1 Stunde im Kühlschrank ziehen lassen.

6 Limetten, Saft
1 Bd. Koriander, gehackt
5 Knoblauchzehen, fein gehackt
3–4 frische rote Chillies, gehackt

Eine Form mit geschmolzener Butter ausstreichen. Die Hände mit der Butter bestreichen, eine tischtennisball-große Kugel Teig nehmen, flachdrücken und einen Teelöffel Sesamfülle daraufgeben. Den Teig darüber zusammenfalten und mit dem zusammengedrückten Ende nach unten in die Form geben. Mit dem restlichen Teig ebenso verfahren und die Buchteln dann noch einmal zugedeckt gehen lassen, bis sie wieder aufgegangen sind. Mit Butter bestreichen und im Ofen 15–20 Minuten goldgelb backen.

1 EL Balsamico
Salz
3-4 EL Olivenöl

Die ausgekühlten Paprika enthäuten und zusammen mit dem Balsamico, Salz und Olivenöl fein pürieren.

ceviche ist ein südamerikanisches Gericht aus kalt gegartem Fisch

sauer macht lustig

ceviche mit flüssigem röstpaprika und sesam-buchterl

räucherforellen-nudeltascherl mit hokkaido und kefir

joghurt-rosenwasser-tarte mit pfirsich-coulis

200 g Nudelgrieß
2 Eier, mittelgroß
1 Prise Salz
1 TL Olivenöl

2 Räucherforellenfilets
100 g Mascarpone
1 Ei
1 EL Mehl
1 Zitrone, Schale
1 EL Zitronensaft
Pfeffer, Salz

1 mittelgroßer Hokkaido-Kürbis
2 Rosmarin-Zweige
4 geschälte, halbierte
Knoblauchzehen
1 TL Salz
4 EL Olivenöl
2 Eidotter

200 ml (Milch-)Kefir
1 TL Zitronensaft

Die Teigzutaten zu einem glatten Teig verkneten, in Folie wickeln und bei Raumtemperatur 30 Minuten rasten lassen.

Falls vorhanden, alle Zutaten für die Fülle in einer Küchenmaschine fein pürieren. Ansonsten die Filets feinst hacken und mit den restlichen Zutaten vermischen. 10 Minuten kühlstellen.
Den Ofen auf 180 °C vorheizen.

Den Hokkaido halbieren, vom Kerngehäuse befreien und in 1 cm breite Halbscheiben schneiden. Mit den restlichen Zutaten gut vermischen und auf dem Backblech im Ofen auf mittlerer Schiene 15–20 Minuten braten, bis der Kürbis weich ist.

Den Nudelteig mit der Maschine oder einem Nudelholz dünn und mit genügend Mehl ausrollen und in ca. 14 cm breite Bahnen schneiden. Von der Fülle teelöffel-große Häufchen im Abstand von ca. 3 cm in die Mitte der Bahn legen. Rundherum mit Eidotter bestreichen, die Bahn über der Fülle längs zusammenschlagen und andrücken. Mit einem Teigrad oder Messer auseinanderschneiden.

Die Tascherl in genügend Salzwasser bissfest kochen und mit dem Kürbis und dem Kefir anrichten.

ceviche mit flüssigem röstpaprika und sesam-buchterl

räucherforellen-nudeltascherl mit hokkaido und kefir

joghurt-rosenwasser-tarte

mit pfirsich-coulis

Alle Zutaten für den Mürbteig gut verkneten, abdecken und 20 Minuten kühlstellen. Ofen auf 180 °C vorheizen. Teig auf einer bemehlten Arbeitsfläche auswalken und so in eine Kuchenform einpassen, dass ein 5 cm hoher Rand entsteht. Einen Kreis aus Backpapier in der Größe der Form schneiden, in diese hineinlegen, Bohnen daraufstreuen und auf der untersten Schiene 10 Minuten backen, bis Teig goldbraun ist. Auskühlen lassen und von Bohnen und Papier befreien. Gelatine in kaltem Wasser einweichen. Joghurt mit dem Honig, Rosenwasser und Zitronensaft gut verrühren. Gelatine ausdrücken und mit etwas Wasser in einem Topf auflösen. 1 EL des Joghurts einrühren, dann diese Mischung in das restliche Joghurt rühren. Schlagobers steifschlagen und vorsichtig unterheben. Diese Masse in die ausgekühlte Mürbteigform geben und im Kühlschrank 2–3 Stunden fest werden lassen.

Pfirsiche 15 Sekunden in kochendes Wasser legen, herausnehmen und in eiskaltes Wasser legen. Die Haut abziehen, Stein herauslösen und Pfirsichfleisch mit dem Zucker und Grand Manier fein pürieren.

200 g Mehl
60 g Zucker
100 g Butter
1 Ei
Prise Salz
300 g getrocknete Bohnen
zum Blindbacken

5 Blatt Gelatine
700 ml Naturjoghurt (3,6% Fett)
3 EL flüssiger Honig
1–2 EL Rosenwasser
1 EL Zitronensaft
250 ml Schlagobers

3 reife Pfirsiche
1 EL Zucker
1 EL Grand Manier
(falls zur Hand)

coulis ist eine pürierte Fruchtsauce
blindbacken heißt ohne Fülle backen

1 Gurke
Salz
1 Knoblauchzehe
3 cl Pastis (nach Belieben)
4 EL Olivenöl
5 Blatt Gelatine

80 g Topfen (20% Fett)
80 g Sauerrahm
1 EL Olivenöl
Salz
1 Bd. Koriander

1 Räucherforellenfilet
1 Zitrone

gurkengelée mit koriandertopfen

saiblingsfilet mit basmati-wildreis-küchlein, grapefruit-creme & blattspinat
weiße zitronen-pfeffer-mousse-au-chocolat mit eingelegten vanille-rum-cumqu

Die Gelatine in kaltem Wasser einweichen. Die Gurke längs halbieren, die Kerne mit einem Teelöffel herausschaben und die Gurke in 1 cm große Würfel schneiden. Zusammen mit den restlichen Zutaten und der in einer Pfanne mit 2–3 EL Wasser aufgelösten Gelatine feinst pürieren. In ein Gefäß gießen (das Gelée sollte eine Höhe von ca. 2 cm haben) und im Kühlschrank fest werden lassen.

Den Topfen mit dem Sauerrahm, dem Olivenöl und dem Salz glattrühren und den feingehackten Koriander untermischen.

Den Koriandertopfen auf einen Teller streichen, das Gelée entweder mit einem Glas rund ausstechen oder mit einem Messer in die gewünschte Form schneiden und auf den Topfen legen. Mit einem Stück Räucherforelle und einer Zitronenspalte anrichten.

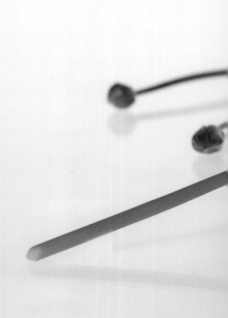

und räucherforelle

& knusperkokos

gurkengelée mit koriandertopfen und räucherforelle

saiblingsfilet mit basmati-wildreis-küchlein, grapefruit-creme & blattspinat

weiße zitronen-pfeffer-mousse-au-chocolat mit eingelegten vanille-rum-cumquats & knusperkokos

2 Grapefruits
2 EL Zucker
80–100 g eiskalte Butter

Die Grapefruits auspressen. Den Zucker in einem Topf vorsichtig schmelzen und karamellisieren. Den Saft dazugießen und auf die Hälfte einreduzieren lassen. Nun mit einem Pürierstab (oder in einer Küchenmaschine) die in kleine Würfel geschnittene Butter einmixen, bis eine sämige Sauce entsteht.

80 g Basmatireis
50 g Wildreis
Salz
2 EL Mehl
1 Ei
1 Zitrone, Schale
3–4 EL Öl zum Braten

Die beiden Reissorten mit etwas Salz weichkochen. Mit den restlichen Zutaten mischen, 15 Minuten im Kühlschrank rasten lassen, mit feuchten Händen Küchlein formen und im Öl auf beiden Seiten braten.

4 Saiblingsfilets (à ca. 130 g)
1 EL Butter
1 EL Öl
Salz, Pfeffer

Die Butter mit dem Öl in einer Pfanne erhitzen. Die Saiblingsfilets mit der Hautseite nach unten anbraten, umdrehen und bei abgedrehter Flamme durchziehen lassen. Salzen und pfeffern.

2 Frühlingszwiebeln
2 EL Olivenöl
250 g Blattspinat
Salz

Das Weiße der Frühlingszwiebeln in Ringe schneiden und im Öl glasig braten. Den gewaschenen, vom Stiel befreiten Spinat dazugeben und unter Rühren zusammenfallen lassen. Salzen.

gurkengelée mit koriandertopfen und räucherforelle
saiblingsfilet mit basmati-wildreis-küchlein, grapefruit-creme & blattspinat

weiße zitronen-pfeffer-mousse-au-chocolat mit eingelegten vanille-rum-cumquats & knusperkokos

1 Zitrone, Saft u. Schale
1 TL schwarzer Pfeffer, grob gemahlen

200 g Cumquats
150 g Zucker
1 Vanilleschote
2 EL Zitronensaft
30 ml Rum 40%

250 ml Eiweiß
120 g Staubzucker
120 g Kristallzucker
200 g Kokosraspel, geröstet
230 g glattes Mehl
1 Prise Salz

Die Cumquats waschen, vom Stielansatz befreien und halbieren. Den Zucker mit 150 ml Wasser aufkochen, die Cumquats kurz darin aufkochen, und aus dem Sirup nehmen. Den Sirup mit dem Mark der Vanilleschote und dem Zitronensaft auf die Hälfte einkochen, die Cumquats wieder dazugeben, nach erneutem Aufkochen den Rum dazugeben und gleich in ein Einmachglas oder ähnliches füllen.

Den Ofen auf 180 °C vorheizen. Das Eiweiß halb steif schlagen, den Staubzucker dazugeben. Wenn das Eiweiß steif ist, den Kristallzucker dazugeben und 2–3 Minuten weiterschlagen. Die restlichen Zutaten vorsichtig unterheben und in einer mit Backpapier ausgelegten länglichen, eckigen Form 20–30 Minuten backen. Herausstürzen und auskühlen lassen. Nun mit dem Messer oder einer Schneidemaschine möglichst dünn aufschneiden und im Ofen in 3–4 Minuten (Vorsicht, verbrennt leicht!) knusprig backen.

karpfen mit wurzelgemüse im estragon-

szegediner vom waller mit erdäpfel-lauch-tascherl
mandel-mohr mit nougatsauce & rhabarberkompott

1 Karotte
1 Gelbe Rübe
1 kl. Stange Lauch
1 Stück Stangensellerie
2 EL Olivenöl
100 ml Weißwein
5 Pfefferkörner
1 Lorbeerblatt

weißwein-essig-sulz & krenrahm

250 g Karpfenfilet ohne Haut
und Gräten
1 Zitrone, Schale
Salz

1 Bd. Estragon
5 EL Weißweinessig
5 Blatt Gelatine

4 EL Kren, frisch gerissen
1 EL Zitronensaft
100 ml Sauerrahm

Das Gemüse schälen und in 4 mm kleine Würfel schneiden. Im Öl
1 Minute rührbraten, mit dem Wein ablöschen, die leicht angedrückten Pfefferkörner und das Lorbeerblatt dazugeben. Salzen und
den Karpfen auf das Gemüse legen, zudecken, mit der Zitronenschale bestreuen und 3–4 Minuten sanft köcheln lassen.
Den Karpfen aus der Flüssigkeit nehmen.

Die Gelatine in kaltem Wasser einweichen. Dann unter die noch
warme Gemüseflüssigkeit mengen, den Essig und den gehackten
Estragon dazugeben. Ein wenig der Mischung in ein großes oder
vier kleine Gefäße füllen, den Karpfen daraufgeben und wieder mit
der Mischung auffüllen. Zudecken und im Kühlschrank fest werden
lassen.

Die Zutaten für den Krenrahm vermischen und den gesulzten
Karpfen damit anrichten.

karpfen mit wurzelgemüse im estragon-weißwein-essig-sulz & krenrahm

szegediner vom waller mit erdäpfel-lauch-tascherl

mandel-mohr mit nougatsauce & rhabarberkompott

500 g Zwiebeln
3 Knoblauchzehen
3 EL Öl od. Butterschmalz
1 EL Paprika (edelsüß)
1 Msp. Cayennepfeffer
1 Schuss Balsamico
3–4 Zweige Thymian
150 g Sauerkraut
500 g Welsfilet ohne Haut
(am besten Flusswels)
Salz, Pfeffer

4 große, mehlige Erdäpfel
1 Stange Lauch
2 EL Butter
1 EL Olivenöl
1/3 TL Kreuzkümmelsamen
Salz, Pfeffer
2 Eidotter
1 Blätterteig, ausgerollt

120 g Sauerrahm

Die Zwiebeln schälen und fein würfeln. Im Öl hellbraun rösten und dann den geriebenen Knoblauch, das Paprikapulver und den Cayennepfeffer dazugeben. Kurz umrühren, den Balsamico dazugeben und mit ca. 250 ml Wasser aufgießen. Den Thymian hinzufügen und alles 10 Minuten etwas einköcheln lassen. Jetzt das Sauerkraut untermischen und weitere 8 Minuten köcheln lassen.
Den in 2–3 cm große Stücke geschnittenen Wels einlegen, salzen und zugedeckt 4–5 Minuten sanft köchelnd durchziehen lassen. Mit Salz und Pfeffer abschmecken.

Die Erdäpfel weichkochen und schälen. Den Lauch gut waschen und in der Butter-Öl-Mischung weichdünsten. Nun die Kreuzkümmelsamen dazugeben und unter Rühren ca. 1 Minute braten, bis er anfängt, zu duften. Nun die zerdrückten Erdäpfel, Salz, Pfeffer und einen Dotter dazugeben. Im Kühlschrank erkalten lassen.
Den Ofen auf 180 °C vorheizen. Den Blätterteig in 8 Quadrate schneiden und 2 aneinanderliegende Ecken mit Dotter bestreichen. Etwas Fülle in die Mitte des Teiges legen und diesen zu einem Dreieck zusammenfalten und mit dem restlichen Eigelb bestreichen. Die Tascherl im Ofen 15–20 Minuten backen.

Das Szegediner mit je 1–2 Tascherln und einem Klecks Sauerrahm servieren.

mandel-mohr mit nougatsauce & rhabarberkompott

80 g Zartbitter-Schokolade,
grob gehackt
80 g Butter
80 g Zucker
4 Eier, getrennt
Mark von einer Vanilleschote
(od. 1 P. Vanillezucker)
1 Prise Salz
80 g Mandeln, gemahlen
etwas weiche Butter und Mehl
für die Förmchen

100 g Nougat
200 ml Schlagobers
1 EL Rum

200 ml Weißwein
100 g brauner Zucker
1 Ingwer (2 cm), gerieben
2 Nelken
2 EL Zitronensaft
300 g Rhabarber

Die Schokolade im Wasserbad schmelzen. Die weiche Butter mit dem Zucker ganz schaumig rühren, dann nach und nach die Dotter dazugeben. Das Mark der Vanilleschote, das Salz, die Mandeln und das Mehl untermischen und am Schluss das steifgeschlagene Eiweiß vorsichtig unterheben. Die Masse zweidrittel hoch in die gebutterten und mit Mehl gestäubten Förmchen (im Notfall gehen auch kleine Tassen) füllen und in einem großen, mit Wasser gefüllten Topf (1–2 cm hoch) zugedeckt bei niedriger Hitze 15–20 Minuten garen.

Für die Nougatsauce alle Zutaten in einem Topf unter Rühren schmelzen.

Weißwein, Zucker, Ingwer, Nelken aufkochen, dann den Zitronensaft hinzufügen. Vom Rhabarber die holzige Haut abziehen, in 1 cm große Stücke schneiden und im Sud einmal aufkochen lassen.

rotkraut-supperl mit gedämpften räucherfisch-bällchen & orangenöl

in vanillebutter pochierter flusswels mit pastinaken-muskat-»mayo«
und zitronen-rollgerstl
tarte au passionsfrucht mit mangosalat

2 Zwiebeln 4 EL Butter 1 mittelgroßer Kopf Rotkraut 1 Glas Rotwein 2–3 Schuss Balsamico 2 Nelken 2 große Äpfel Salz	Die Zwiebeln klein würfeln und in der Butter glasig dünsten. Das Rotkraut klein schneiden, mit dem Rotwein und dem Balsamico ein paar Minuten in einer Schüssel mit dem Kartoffelstampfer gut andrücken, dann zu den Zwiebeln geben. Die Nelken und die klein geschnittenen Äpfel dazugeben und mit soviel Wasser aufgießen, bis das Kraut gerade bedeckt ist. Etwas salzen und weichköcheln lassen. Pürieren und mit Salz und eventuell noch etwas Balsamico abschmecken.
2 Orangen 100 ml Traubenkernöl (od. Sonnenblumenöl) Salz	Für das Öl die Orangenschalen mit einer Reibe fein abreiben, 2–3 EL vom Saft der Orangen, eine Prise Salz und das Öl damit 2–3 Minuten pürieren. Noch intensiver schmeckt das Öl, wenn es 2–3 Tage durchziehen kann.
1 Räucherforellenfilet 1 Ei 1 EL weiche Butter 2 EL Brösel 1 EL Mehl 1 Prise Muskatnuss 1 Zitrone, Schale Salz 2 EL Schnittlauchröllchen	Alle Zutaten für die Bällchen bis auf den Schnittlauch fein pürieren, nun den Schnittlauch unterheben. Die Masse 20 Minuten kühlstellen, dann 8 Bällchen daraus formen. Auf einem geölten Gitter o.ä. im Wasserbad 3–4 Minuten dämpfen.

rotkraut-supperl mit gedämpften räucherfisch-bällchen & orangenöl

in vanillebutter pochierter flusswels

tarte au passionsfrucht mit mangosalat

Den Flusswels in 4 Stücke schneiden, salzen, pfeffern.

Die Butter in einer Pfanne, in der die 4 Filets Platz finden, schmelzen und die Vanille und eine Prise Salz beigeben, umrühren, auf die Seite stellen.

Die Pastinaken schälen, klein schneiden, in Salzwasser weichkochen und mit den restlichen Zutaten pürieren, bis ein dickes Mus entsteht.

Das Weiße und das Grün der Frühlingszwiebeln in Ringe schneiden, das Grün beiseite stellen. Das Weiße der Frühlingszwiebeln mit dem Knoblauch in kleine Würfel schneiden, in der Butter glasig dünsten, dann das Rollgerstl einrühren. Mit dem Weißwein ablöschen, einmal aufkochen, etwas salzen und nach und nach mit Wasser aufgießen, bis das Rollgerstl gekocht ist. Nun Zitronensaft und -schale beigeben und mit Salz abschmecken.

Währenddessen den Fisch in die Vanillebutter legen, zudecken und in 4–5 Minuten auf kleiner Flamme durchziehen lassen.

600 g Flusswelsfilet
(od. anderes Filet mit festem Fleisch)
Salz, Pfeffer

8 EL Butter
Mark einer Vanilleschote
Salz

mit pastinaken-muskat-»mayo« und zitronen-rollgerstl

2 große Pastinaken
2 EL Butter
Salz
1–2 EL Zitronensaft
1 Msp. Muskatnuss, gerieben

1 Bd. Frühlingszwiebeln
4 Knoblauchzehen
2 EL Butter
120 g Rollgerstl
1 Glas Weißwein
2 Zitronen, Saft u. Schale

rotkraut-supperl mit gedämpften räucherfisch-bällchen & orangenöl
in vanillebutter pochierter flusswels mit pastinaken-muskat-»mayo« und zitronen-rollgerstl

tarte au passionsfrucht mit mangosalat

120 g Butter 60 g Staubzucker 200 g Mehl 1 Eidotter	Aus den Teigzutaten einen glatten Mürbteig kneten, abdecken und im Kühlschrank 20 Minuten ruhen lassen, dann ausrollen und in eine Kuchenform geben.
500 g Topfen 150 ml Sauerrahm 2 Eier 2 EL Speisestärke 120 g Zucker 1 Zitrone, Saft u. Schale	Das Backofen auf 175 °C vorheizen. Den Topfen mit den restlichen Zutaten glattrühren und auf den Mürbteig gießen. Auf der untersten Schiene im Ofen ca. 20 Minuten backen. Herausnehmen und etwas abkühlen lassen.
2 Blatt Gelatine 4 Passionsfrüchte (od. 160 ml Passionsfruchtsaft) 1 EL Zucker	Die Gelatine in kaltem Wasser einweichen. Die Passionsfrüchte halbieren und das Innere samt den Kernen mit dem Zucker verrühren. Die Gelatine mit 1–2 EL Wasser in einem Topf auflösen und unter die Passionsfruchtmasse geben. Diese auf dem Topfen verteilen und kühlstellen.
1 große, reife Mango 1 EL Cointreau 1 EL Zucker 1 EL Zitronensaft	Die Mango schälen, in Streifen schneiden und mit dem Cointreau, dem Zucker und Zitronensaft vermischen und ein paar Minuten ziehen lassen.

rindscarpaccio mit gorgonzola-creme, walnussblini und mariniertem brat-radicchio

wildhasenragout mit kräutern und orangen-polenta-knöderln
marzipantarte mit pinienkernen und melonensalat

300 g Rindsfilet, schön zugeputzt

Das Rindsfilet waschen, trocken tupfen und fest in Plastikfolie einschlagen, einfrieren. Mit der Schneidemaschine dünn aufschneiden. Wer keine Maschine hat, lässt das Fleisch etwas antauen und schneidet es mit einem scharfen Messer.

60 g Gorgonzola
100 ml Schlagobers
Salz, Pfeffer
Muskatnuss

Alle Zutaten für die Gorgonzola-Creme unter Rühren erhitzen, bis sie schmelzen.

380 g glattes Mehl
1 EL Zucker
¼ l warme Milch
1 Würfel Hefe
150 g Walnüsse, geröstet, grob gehackt
60 g Butter, geschmolzen
3 Eier, getrennt
Salz
3–4 EL Butter zum Braten

Das Mehl, den Zucker, die Milch, die Walnüsse und die Hefe gut vermischen und 30 Minuten an einem warmen Ort zugedeckt gehen lassen. Dann die Butter und die Eidotter untermischen, salzen und nun das steifgeschlagene Eiweiß unterheben, wieder zugedeckt 5 Minuten gehen lassen. Die Butter in einer Pfanne schmelzen und mit einem Esslöffel kleine runde Kleckse von der Blinimasse hinzugeben, backen, bis diese schön aufgehen, und umdrehen.

2 kleine Radicchio-Salate
Salz, Pfeffer
4 EL Olivenöl
2–3 Spritzer Balsamico

Den Radicchio in Scheiben schneiden und im Olivenöl ganz kurz anbraten, salzen, pfeffern und etwas Balsamico darüberträufeln.

rindscarpaccio mit gorgonzola-creme, walnussblini und mariniertem brat-radicchio

wildhasenragout mit kräutern und orangen-polenta-knöderln

marzipantarte mit pinienkernen und melonensalat

3 große Wildhasen-Hinterläufe
300 ml Rotwein
5–6 EL Olivenöl
3 Zwiebeln
8 Knoblauchzehen
1 Karotte
80 g Sellerieknolle
1 EL Tomatenmark
3 Zweige Rosmarin
1 Msp. getrockneter Majoran
5–6 Zweige Thymian
3 Lorbeerblätter
7–8 Wacholderbeeren
Salz, Pfeffer

2 Orangen, Schale
Salz
Muskatnuss
400 ml Wasser
4 EL Butter
120 g feiner Polentagrieß
3 Eidotter
2 EL Mehl

100 g Parmesan, gerieben

Die Hasenteile mit dem Rotwein marinieren und 5–6 Stunden ziehen lassen. Die Fleischstücke aus der Marinade nehmen, trockentupfen, den Wein aufheben.

Das Fleisch in 3 Esslöffel Olivenöl auf beiden Seiten anbraten, aus dem Topf nehmen. Nun die in kleine Würfel geschnittenen Zwiebeln, Knoblauch, Karotte und Sellerieknolle mit dem restlichen Öl im selben Topf glasig dünsten, das Tomatenmark einrühren, mit dem Wein ablöschen. Diesen vollständig einköcheln lassen, die Fleischstücke, Kräuter und Gewürze dazugeben und etwas salzen. Soviel Wasser zugießen, bis alles knapp bedeckt ist. 3–4 Stunden weichschmurgeln lassen, eventuell nach und nach etwas Wasser nachgießen. Das Ragout ist fertig, wenn das Fleisch von den Knochen fällt. Nun salzen und pfeffern, die Knochen herausnehmen und das verbliebene Fleisch mit 2 Gabeln etwas zerteilen.

Das Wasser mit Orangenschale, Salz, Muskatnuss und Butter aufkochen, den Polentagrieß langsam einrühren und solange weiterrühren, bis die Mischung gut eindickt und sich vom Topfrand löst. Abkühlen lassen, dann Dotter und Mehl einkneten. Knöderl formen und in Salzwasser 10–15 Minuten leicht wallend durchziehen lassen.

Das Ragout mit Parmesan bestreuen.

marzipantarte mit pinienkernen

Aus den Teigzutaten einen glatten Mürbteig kneten, abdecken und im Kühlschrank 20 Minuten ruhen lassen, dann ausrollen und in eine Kuchenform geben.

120 g Butter
60 g Staubzucker
200 g Mehl
1 Eidotter

Das Backofen auf 175 °C vorheizen. Marzipan in kleine Würfel schneiden, mit 2–3 EL Wasser und der Marillenmarmelade in einem Topf weichköcheln. Masse mit dem Zucker in eine Rührschüssel füllen, nach und nach die Eier dazumixen, dann das Mehl dazugeben. Die Masse in die Kuchenform gießen und die Pinienkerne darüberstreuen, im Ofen auf der untersten Schiene 20–30 Minuten backen.

300 g Marzipan
2 EL Marillenmarmelade
80 g Zucker
4 Eier
5 EL Mehl
40 g Pinienkerne

Die Melone halbieren, die Kerne herauskratzen und das Fruchtfleisch herauslösen. Dieses in kleine Würfel schneiden und mit den restlichen Zutaten vermischen, 10–15 Minuten durchziehen lassen.

1 reife Zuckermelone
1 EL Honig
1 Schuss Cointreau
1 TL Ingwer, gerieben

rindscarpaccio mit gorgonzola-creme, walnussblini und mariniertem brat-radicchio
wildhasenragout mit kräutern und orangen-polenta-knöderln

und melonensalat

forza italia – abr: net nur fuaßball macht glücklich!

3 Frühlingszwiebeln
3 EL Öl
200 g Blutwurst
schwarzer Pfeffer
1 Zitrone, Schale

1 P. Frühlingsrollenteig
(20 cm x 20 cm)
2 Eigelb
2 EL Öl

knuspriges blunzen-röllchen auf

200 g Fisolen
1 kleine, rote Zwiebel
2 EL Apfelessig
6–7 EL Olivenöl
Salz, Pfeffer
1 EL Sesam, geröstet

200 g Sauerrahm
2 EL Kren, frisch gerissen
Salz

sesam-fisolensalat & krenrahm

rosa kalbsleber auf balsamico-kräuter-linsen & honig-senf-butter
rote-rüben-limetten-eiscreme mit ingwer-shortbread

Das Weiße der Frühlingszwiebeln in dünne Halbringe schneiden und im Öl glasig dünsten. In der Zwischenzeit die Blutwurst in 4 mm große Würfel schneiden, zwei Drittel dazugeben und solange unter Rühren braten, bis die Masse zusammenfällt. Dann die restliche Blunzn, Pfeffer und das in Ringe geschnitte Grün der Frühlingszwiebeln dazugeben. Bei Bedarf salzen und die Masse auf handwarm abkühlen lassen.

Den Frühlingsrollenteig diagonal in Dreiecke teilen. Auf die lange Seite eine 1 cm breite Blunznlinie ziehen, die Enden mit Eigelb bestreichen. Nun die Ecken etwas über der Fülle zusammenschlagen und einrollen. Im Öl vorsichtig goldgelb backen.

Die Fisolen von den Enden befreien und in Salzwasser bissfest kochen. Die Zwiebel in Halbringe schneiden. Aus dem Essig, Öl, Salz und Pfeffer eine Marinade rühren und die Fisolen, den Sesam und die Zwiebel dazugeben.

Den Sauerrahm mit dem Kren und dem Salz verrühren.

knuspriges blunzen-röllchen auf sesam-fisolensalat & krenrahm

rosa kalbsleber auf balsamico-kräuter-linsen & honig-senf-butter

rote-rüben-limetten-eiscreme mit ingwer-shortbread

4 Scheiben Kalbsleber
(à 120–150 g)
2 EL Olivenöl
1 Zweig Rosmarin

200 g Belugalinsen
(od. braune Linsen)
2 Zwiebeln
2 EL Olivenöl
2 EL Butter
1 Bd. Basilikum
3 Zweige Rosmarin
1 Msp. Thymian
Salz
3–4 EL weißer Balsamico

80 g weiche Butter
1–2 EL körniger Senf
2 EL Honig
Salz

4–5 EL Mehl
zum Wenden der Leber
2 EL Rapsöl
2 EL Butter
Salz, Pfeffer

Die Leber von eventuellen Schläuchen befreien, mit Olivenöl und gehacktem Rosmarin bestreuen, im Kühlschrank etwas durchziehen lassen.

Die Linsen in reichlich Salzwasser weich, aber noch bissfest kochen. Die Zwiebeln klein würfeln, im Olivenöl und der Butter glasig schwitzen, dann die feingehackten Kräuter, die Linsen und eine Prise Salz dazugeben. Mit dem Balsamico ablöschen.

Alle Zutaten für die Butter gut vermischen, kühlstellen.

Die Leber im Mehl wenden und in der Öl-Butter-Mischung sanft auf beiden Seiten anbraten, salzen und pfeffern, einen Schuss Wasser oder Weißwein zugießen, zudecken und noch 1–3 Minuten, je nachdem, wie durch die Leber sein soll, ziehen lassen.

knuspriges blunzen-röllchen auf sesam-fisolensalat & krenrahm
rosa kalbsleber auf balsamico-kräuter-linsen & honig-senf-butter

rote-rüben-limetten-eiscreme mit ingwer-shortbread

700 ml Rote Rübensaft
100 g Zucker
2 Limetten, Schale, fein gehackt
150 ml Limettensaft
1 Rote Rübe, gekocht u.
klein gewürfelt

2 Eier
2 Dotter
120 g Staubzucker
500 ml Schlagobers

150 g Mehl
100 g Butter
50 g weißer Zucker
1 Prise Salz
1 EL Ingwer, gerieben

Den Rote Rübensaft in einem Topf auf ein Drittel einreduzieren, den Zucker hinzufügen, nochmal 1–2 Minuten köcheln, bis der Saft sehr dickflüssig ist, abkühlen lassen. Nun die Limettenschale, den Saft und die Roten Rübenwürfel zugeben.

Die Eier, Dotter und den Staubzucker im Wasserbad hell und cremig aufschlagen, dann auf Eis kaltschlagen. Das Schlagobers steifschlagen und mit der Eiermasse und dem Sirup vorsichtig vermischen. 2–3 Stunden ins Tiefkühlfach geben.

Alle Zutaten für das Shortbread gut verkneten, im Kühlschrank 15 Minuten rasten lassen. Den Ofen auf 160 °C vorheizen. Auf einer bemehlten Arbeitsfläche ½ cm dick ausrollen, in 2 cm breite Streifen schneiden, diese dann auf Wunschlänge zurechtschneiden und auf ein mit Backpapier belegtes Backblech legen und im Ofen auf mittlerer Schiene ca. 20 Minuten backen.

erdäpfelsupperl mit knusprigem speck

in rotwein und kräutern geschmorte kalbswangerl mit selleriepürée
apfelstrudel mit lebkuchen-eiscreme

2 Zwiebeln
3 EL Butter
2 EL Öl
400 g mehlige Erdäpfel
800 ml Gemüsebrühe
od. Wasser
80 ml Schlagobers
Salz, Muskatnuss

& steinpilz-frühlingszwiebel-tascherl

8 dünne Scheiben
Hamburgerspeck

1 Bd. Frühlingszwiebeln
4 EL Olivenöl
100 g frische Steinpilze
od. Champignons
1 Schuss Weißwein
1 Zweig Rosmarin
Salz, Pfeffer
1 Dotter
1–2 EL Semmelbrösel
1 Blätterteig
1 Eidotter mit
2 EL Milch vermischt

Die Zwiebeln in kleine Würfel schneiden und in der Öl-Butter-Mischung glasig dünsten. Die geschälten, in walnussgroße Stücke geschnittenen Erdäpfel und die Gemüsebrühe dazugeben, weichkochen, pürieren. Wenn man sich nicht ganz sicher ist, ob die Erdäpfel stärkehaltig genug sind, lieber erst weniger Flüssigkeit dazugießen und nach dem Pürieren auf die gewünschte Konsistenz aufgießen. Nun Schlagobers, Salz und Muskatnuss dazugeben.

Die Speckscheiben in einer Pfanne ohne Fett knusprig braten, auf Küchenpapier legen.

Das Weiße der Frühlingszwiebeln fein schneiden, im Olivenöl anschwitzen, dann die geputzten, ebenfalls kleingeschnittenen Pilze dazugeben, kurz rührbraten, das in Ringe geschnittene Frühlingszwiebel-Grün dazugeben und mit Weißwein ablöschen. Die Rosmarinnadeln dazugeben, salzen und pfeffern. Wenn die Masse abgekühlt ist, den Dotter und die Brösel dazugeben und 10 Minuten kühlstellen.
Das Backofen auf 180 °C vorheizen. Den Blätterteig ausrollen und in 8 x 8 cm große Quadrate schneiden, etwas Füllung daraufgeben, mit der Dotter-Milch-Mischung bestreichen und zum Dreieck falten, andrücken. Im Ofen ca. 10–15 Minuten goldgelb backen.

erhebet das glas, denn essen macht spass

erdäpfelsupperl mit knusprigem speck & steinpilz-frühlingszwiebel-tascherl

in rotwein und kräutern geschmorte kalbswangerl mit selleriepürée

apfelstrudel mit lebkuchen-eiscreme

800 g Kalbswangerl
(od. Rindsragout)
8 EL Olivenöl
1 Karotte
1 Gelbe Rübe
100 g Sellerieknolle
4 große Zwiebeln
5–6 Knoblauchzehen
1 EL Tomatenmark
350 ml guten Rotwein
3 Zweige Rosmarin
6–7 Zweige Thymian
3 Lorbeerblätter
10 Pfefferkörner, angedrückt
1–2 Nelken

1 große Sellerieknolle
1 Zitrone, Saft
2 Lorbeerblätter
1 Becher Sauerrahm
3–4 EL Butter
Salz
Muskatnuss

Die Kalbswangerl von beiden Seiten in der Hälfte des Olivenöls gut anbraten, aus dem Topf nehmen. Das restliche Öl zugeben und das in kleine Würfel geschnittene Wurzelwerk sowie Zwiebeln und Knoblauch darin gut anbraten. Jetzt das Tomatenmark dazugeben und 30 Sekunden unter Rühren mitanbraten. Mit dem Wein ablöschen und diesen komplett einkochen lassen. Das Fleisch wieder hineinlegen und mit soviel Wasser oder Rinderfond aufgießen, bis es knapp bedeckt ist. Kräuter und Gewürze dazugeben und alles bei schwacher Hitze in 2 Stunden weichschmoren.

Die Sellerieknolle schälen und in 2 cm große Würfel schneiden, in Salzwasser, in welches auch der Zitronensaft und 2 Lorbeerblätter gegeben werden, weichköcheln, abseihen, Lorbeer entfernen. Nun mit den restlichen Zutaten gut pürieren, mit Salz abschmecken.

apfelstrudel mit lebkuchen-eiscreme

300 ml Schlagobers
je 1 Msp. Piment, gemahlen
Zimt, gemahlen
Nelke, gemahlen
Ingwer, gemahlen
1 Dotter
1 Ei
60 g Staubzucker

1 Blätterteig
4–5 säuerliche Äpfel
1 Zitrone, Saft
80 g Butter
50 g Brösel
50 g Haselnüsse, gemahlen
1 Msp. Zimt
2–3 EL Rum
1–2 EL Rosinen (nach Belieben)
1 Eidotter mit
2 EL Milch vermischt

80 ml vom Schlagobers mit den Gewürzen in einem kleinen Topf kurz aufkochen, kühlstellen. Dotter, Ei und Staubzucker im Wasserbad hell und cremig aufschlagen, auf Eis kühlrühren. Das Gewürz-Schlagobers mit dem restlichen Schlagobers verrühren und steifschlagen, unter die Eimasse heben und 2–3 Stunden tiefkühlen.

Den Ofen auf 175 °C vorheizen. Die Äpfel schälen, vierteln, entkernen und in ganz feine Scheiben schneiden, mit dem Zitronensaft vermischen. Die Butter in einer Pfanne schmelzen, Brösel und Haselnüsse dazugeben und goldbraun rösten. Mit den Äpfeln, dem Zimt, den im Rum getränkten Rosinen vermischen. Den Blätterteig auswalken und die Apfelfülle auf zwei Drittel des Teiges verteilen. Alle Ränder mit der Ei-Milch-Mischung einstreichen, die Enden einschlagen und dann den Teig einrollen. Den Strudel mit dem Eimix bestreichen und ca. 20–30 Minuten backen.

rindfleisch-röllchen mit kernöl-ricotta

wurzelfleisch vom schweinsschopf mit erdäpfel-kren-struderl & knusperzwieberl
dunkle und helle morillon-trüffel

500 g Tafelspitz
je 1 Karotte, Gelbe Rübe, Pastinake
5 walnussgroße Stk. Sellerieknolle
3 kleine Zwiebeln
2 Lorbeerblätter
8 Pfefferkörner
5–6 Petersilstiele
Salz

-fülle & kapernsalsa auf gegrillten paprika

2 große, rote Paprika
1 EL Olivenöl

150 g Ricotta
5–6 EL Kernöl
1–2 EL Schnittlauchröllchen
Salz

50 g Kapernbeeren
1 Bd. Petersilie
2 frische, rote Chilischoten
4–5 Schalotten
2–3 EL Zitronensaft
2–3 EL Olivenöl
Salz
½ TL Dijonsenf

2–3 Liter Wasser aufkochen, das gewaschene Fleisch einlegen, 1 Stunde sanft köcheln lassen, dann das geschälte, in grobe Stücke geschnittene Gemüse und die Gewürze dazugeben. Die Zwiebeln halbieren und die Schnittflächen ohne Öl in einer Pfanne gut braun rösten, dann die Zwiebeln samt der Schale ins Wasser geben. Weitere 1½ Stunden köcheln lassen, das Fleisch herausheben und in kaltes Wasser legen. Nun hat man auch noch eine Suppe, die man nur noch salzen braucht und mit Fritatten, etc. servieren kann.

Den Ofen auf 200 °C vorheizen, die Paprika der Länge nach halbieren, Kerngehäuse und Kerne herausschaben, mit der Schnittfläche nach unten auf ein Backpapier legen, mit Öl bestreichen und solange auf der mittleren Schiene backen, bis die Haut schön schwarz ist, herausnehmen und gleich mit einem feuchten Tuch bedecken. Abkühlen lassen. Nun die Haut abziehen und die Paprika in feine Streifen schneiden.

Den Ricotta mit dem Kernöl und dem Salz gut verrühren, etwas Schnittlauch untermengen. Den Tafelspitz in feine Scheiben schneiden und mit der Fülle bestreichen, einrollen.

Für die Salsa die Kapernbeeren vierteln, die Petersilienblättchen abzupfen und grob hacken. Die Chilischoten aufschneiden, die Kerne herausschaben und fein hacken. Die Schalotten in feine Halbringe schneiden. Alle Zutaten vermengen.

wurzelfleisch vom schweinsschopf mit erdäpfel-kren-struderl und knusperzwieberl

dunkle und helle morillon-trüffel

1½–2 kg Schweinsschopf	Schweinsschopf mit Senf einreiben und eine ½ Stunde bei Raumtemperatur durchziehen lassen. Den Ofen auf 190 °C vorheizen.
2 EL Dijonsenf	
15 dicke Scheiben Bauchspeck	
1 großes Stück Ingwer (5–6 cm)	Die Speckscheiben in einen Bräter legen, den geschälten, fein geriebenen Ingwer und die Petersilie daraufstreuen. Das Fleisch in einer großen Pfanne mit der Hälfte des Öls auf beiden Seiten gut anbraten und dann auf die Speckscheiben legen. Nun das geschälte, grob geschnittene Wurzelgemüse, Zwiebeln und Knoblauch mit dem restlichen Öl in der Pfanne anbraten und mit etwas Most ablöschen, gut rühren, damit sich der Bratensatz löst und über das Schweinchen gießen. Salzen und im Ofen 1½ bis 2 Stunden braten, dabei alle 15–20 Minuten mit Most übergießen.
2 Bd. Petersilie, grob gehackt	
6 EL Öl	
1 Karotte	
2 Gelbe Rüben	
2 Pastinaken	
3 Zwiebeln	
8 Knoblauchzehen	
2 l Most	
Salz	

Schweinsschopf mit Senf einreiben und eine ½ Stunde bei Raumtemperatur durchziehen lassen. Den Ofen auf 190 °C vorheizen.

Die Speckscheiben in einen Bräter legen, den geschälten, fein geriebenen Ingwer und die Petersilie daraufstreuen. Das Fleisch in einer großen Pfanne mit der Hälfte des Öls auf beiden Seiten gut anbraten und dann auf die Speckscheiben legen. Nun das geschälte, grob geschnittene Wurzelgemüse, Zwiebeln und Knoblauch mit dem restlichen Öl in der Pfanne anbraten und mit etwas Most ablöschen, gut rühren, damit sich der Bratensatz löst und über das Schweinchen gießen. Salzen und im Ofen 1½ bis 2 Stunden braten, dabei alle 15–20 Minuten mit Most übergießen.

4 große, mehlige Erdäpfel
3–4 EL Kren, frisch gerissen
1 Ei
100 g Mascarpone
Muskatnuss
Salz
1 Blätterteig
1 Dotter

Die Erdäpfel in der Zwischenzeit kochen, schälen und noch warm grob zerstampfen, auskühlen lassen. Mit dem Kren, dem Ei, Mascarpone, Muskat und Salz vermischen, etwas im Kühlschrank durchziehen lassen. Den Blätterteig ausrollen, in 8 Vierecke schneiden und mit etwas Fülle belegen, die Teigränder mit dem Dotter bestreichen und zum Dreieck falten. Im 180 °C heißen Ofen 10–15 Minuten backen, bis die Struderl goldgelb sind.

2 Zwiebeln
2–3 EL Mehl
1 Prise Paprikapulver
1 l Öl zum Frittieren

Die Zwiebeln schälen, in 2 mm dicke Ringe schneiden, salzen und abtropfen lassen. Das Mehl mit dem Paprikapulver mischen und die Ringe darin wenden. Diese nun im heißen Fett herausbacken und auf Küchenpapier abtropfen lassen.

rindfleisch-röllchen mit kernöl-ricotta-fülle & kapernsalsa auf gegrillten paprika
wurzelfleisch vom schweinsschopf mit erdäpfel-kren-struderl & knusperzwieberl

dunkle und helle morillon-trüffel

150 g Butter
2 EL Morillon-Likör
(od. ähnliches)
100 g Zartbitterschokolade
2–3 EL Kakaopulver

Die Butter luftig aufschlagen, den Likör untermischen und nun die geschmolzene, etwas abgekühlte Schokolade unterrühren, kühlstellen, bis die Masse so fest ist, dass man gut Kugeln daraus formen kann. Diese dann im Kakaopulver wälzen.

50 ml Schlagobers
100 g Butter
2 EL Morillon-Likör
300 g weiße Schokolade
Staubzucker

Schlagobers und Butter aufkochen, vom Herd nehmen und den Likör dazugeben. Die kleingehackte Schokolade dazugeben und rühren, bis diese vollständig geschmolzen ist. Kühlstellen, bis die Masse fest genug ist, um Kugeln zu formen, diese dann im Staubzucker wälzen.

Morillon: steirische Traube, ähnlich dem Chardonnay

Die Butter schmelzen. Die Zwiebeln in feine Würfel schneiden und im Öl glasig braten, dann die in 4–5 cm große Stücke geschnittene Leber dazugeben und unter Rühren solange braten, bis sie rundherum braun, aber innen noch roh ist. Rosmarin, Gin und Balsamico dazugeben und die Flüssigkeit einkochen lassen. Salzen, pfeffern. Nun die Leber in einer Küchenmaschine pürieren und nach und nach die geschmolzene Butter dazugießen, in kleine Gläschen oder ein Geschirr füllen und mindestens 2–3 Stunden kühlstellen.

Die Datteln mit dem Speck umwickeln und in einer Pfanne mit dem Öl anbraten. Den Süßwein, Balsamcio und Zucker in einem kleinen Topf solange einköcheln, bis die Flüssigkeit Bläschen wirft und eindickt. Abkühlen lassen.

rehleber-creme mit gebratenen speck-

hirschragout mit dörrzwetschken-chutney-muffin & apfel-rotkraut
warmer nusskuchen mit ingwer-birnen-creme

200 g Butter
1 große Zwiebel
3 EL Öl
200 g Rehleber
(od. andere Leber)
2 Zweige Rosmarin, Nadeln
2–3 EL Gin
1 Schuss Balsamico
Salz, Pfeffer

datteln und süßwein-balsamico-sirup

12 saftige Datteln
12 dünne Scheiben
Hamburgerspeck
1 EL Öl

150 ml Süßwein
50 ml Balsamico
50 g Zucker

rehleber-creme mit gebratenen speckdatteln und süßwein-balsamico-sirup

hirschragout mit dörrzwetschken-chutney-muffin

warmer nusskuchen mit ingwer-birnen-creme

800 g Hirschragout (Schlögel od. Schulter)
500 ml guter Rotwein
3 Lorbeerblätter
8 Wacholderbeeren
10 Pfefferkörner
8 EL Öl
1 Karotte
1 Gelbe Rübe
150 g Sellerieknolle
500 g Zwiebeln
1 Knoblauchknolle
2 EL Tomatenmark
20 g Zartbitterschokolade
Salz, Pfeffer

1 mittelgroßer Kopf Rotkraut
3 Äpfel
250 ml guter Rotwein
50 ml Balsamico
Salz
2 EL Zucker
2 Zwiebeln
4 EL Öl
2–3 EL Butter

Das Fleisch mit dem Rotwein und den Gewürzen marinieren und am besten über Nacht im Kühlschrank ziehen lassen. Fleisch aus der Marinade heben (diese bitte aufheben!), gut abtrocknen und in der Hälfte des Öls von allen Seiten braunbraten, aus dem Topf nehmen. Das kleingeschnittene Wurzelwerk, Zwiebeln und Knoblauch im restlichen Öl im gleichen Topf anbraten, dann Tomatenmark einrühren. Mit der Marinade aufgießen und diese komplett einköcheln lassen. Nun das Fleisch samt der Schokolade in den Topf zurückgeben und mit soviel Wasser bzw. Rindsuppe aufgießen, bis das Fleisch gerade bedeckt ist. Aufkochen lassen, etwas salzen und sanft zugedeckt ca. 2 Stunden weichschmoren. Salzen und pfeffern.

Das Rotkraut in feine Streifen schneiden, Äpfel schälen, vierteln und entkernen, mit dem Rotkraut, dem Wein, Balsamico, einer guten Prise Salz und dem Zucker mit dem Erdäpfelstampfer kräftig anstampfen und 2–3 Stunden stehen lassen. Nun die kleingeschnittenen Zwiebeln im Öl glasig dünsten, Rotkraut dazugeben und zugedeckt solange köcheln, bis es komplett zusammengefallen und weich ist. Abschließend die Butter einrühren und salzen.

(od. pik. maronen-scheiterhaufen) & apfel-rotkraut

10 Dörrzwetschken,
in Rotwein eingeweicht
1 großer Apfel
1 Ingwer (3 cm)
1 Msp. Chilipulver
2–3 Schuss Apfelessig
100 ml Wasser
40–50 g Zucker

1 Ei
200 ml Buttermilch
70 g Butter, geschmolzen
Salz
250 g glattes Mehl
2 TL Backpulver
½ TL Natron
2–3 EL weiche Butter für die
Form

250 g Maronen, eingeritzt
Salz
1 Orange, Schale
6 Scheiben Brioche
(od. Weißbrot)
4 Eier
80 g Butter, geschmolzen
200 ml Milch
Muskatnuss, Salz
1–2 EL weiche Butter
für die Form

Die Dörrzwetschken kleinschneiden, den Apfel schälen und grob reiben. Mit den restlichen Zutaten in einem Topf solange köcheln, bis die Masse eine sehr dickflüssige Konsistenz hat. Abkühlen lassen.

Den Ofen auf 180 °C vorheizen. Ei, Buttermilch und Butter verrühren. Die trockenen Zutaten vermischen und die Eiermischung unterrühren. Die Muffinsförmchen ausbuttern und halbvoll mit der Teigmischung füllen. Nun jeweils einen Teelöffel Chutney daraufsetzen und noch ca. 1–2 EL Teig darübergeben. 15–20 Minuten backen.

Die Maronen kurz in kochendem Wasser aufkochen, dann im Ofen bei 200 °C 30 Minuten braten, auslösen und mit der Hälfte der Butter, dem Salz und der Orangenschale grob zerstampfen.
Eine gebutterte Form mit der Hälfte der Briochescheiben auslegen. Die Maronenmasse darauf verteilen, diese dann wieder mit Brioche belegen. Eier, restliche Butter, Milch, Muskatnuss und Salz verrühren und über die Brioche-Scheiben gießen. Im 180 °C heißen Ofen ca. 20 Minuten backen.

rehleber-creme mit gebratenen speckdatteln und süßwein-balsamico-sirup
hirschragout mit dörrzwetschken-chutney-muffin & apfel-rotkraut

warmer nusskuchen mit ingwer-birnen-creme

160 g weiche Butter
160 g Zucker
1 TL Vanillezucker
4 Dotter
70 g Schokolade, gerieben
130 g Haselnüsse, gerieben
3 EL Rotwein
3 EL Rum
100 g Mehl
1 TL Backpulver
4 Eiweiß

10 EL Rotwein

3 reife Birnen
1 EL Honig
2 EL Zitronensaft
1 Ingwer (4 cm)
50 ml Schlagobers

Den Ofen auf 175 °C vorheizen. Die Butter mit dem Zucker und dem Vanillezucker schaumig rühren, nach und nach die Dotter dazurühren. Die restlichen Zutaten, bis auf das Eiweiß, untermischen. Das Eiweiß steifschlagen und vorsichtig unterheben. In eine gebutterte Form geben und 40 Minuten backen. Aus dem Ofen nehmen und aus der Form stürzen, sofort mit dem restlichen Rotwein beträufeln.

Die Birnen schälen, entkernen und in kleine Würfel schneiden. Zusammen mit dem Honig, Zitronensaft, dem geschälten, fein geriebenen Ingwer und dem Schlagobers solange köcheln, bis sie zusammenfallen.

salat von gebratenen beiriedstreifen, trauben, zitrone, koriander & schalotten

lammkoteletts mit cashew-korianderhaube und chili-süßkartoffelpürée
kokos-panna-cotta mit mango-minz-salat

2 Scheiben Beiried 2 EL Öl Salz	Die Beiried-Scheiben zwischen Plastikfolie legen und das Fleisch etwas weichklopfen. Nun das Öl in einer Pfanne erhitzen und von beiden Seiten 1–2 Minuten braten, sodass es innen noch rosa ist, aus der Pfanne nehmen, salzen und, sobald es abgekühlt ist, in ganz feine Streifen schneiden.
ca. 30 Stk. grüne u. dunkle Trauben 5 Schalotten	Die Trauben halbieren und entkernen, die Schalotten in ganz feine Ringe schneiden.
1 großer Bd. Koriander, wenn möglich mit Wurzeln 5 Knoblauchzehen 5 Chilischoten 2 Zitronen, Saft 1–2 TL Palm- od. brauner Zucker 1–2 EL Fischsauce (am besten Tintenfisch)	Die Korianderwurzeln, falls vorhanden, waschen und zusammen mit den kleingeschnittenen Stielen (sofern diese nicht holzig sind), den Knoblauchzehen, den entkernten Chilischoten und dem Zucker in einem Mörser oder in einer Küchenmaschine zu einer feinen Paste verarbeiten. Nun den Zitronensaft und die Fischsauce hinzufügen und mit den Beiriedstreifen, den Trauben und den Schalotten vermischen. Das Koriandergrün eher grob hacken und unterheben.

12 Lammkoteletts, zugeputzt
Salz, Pfeffer
150 g Cashewkerne
1 Bd. Koriander
1 Ei
2 EL Semmelbrösel
2 EL weiche Butter

2–3 EL Olivenöl

4 Süßkartoffeln
3–4 Chilischoten
3 EL Butter
2–3 Schuss Milch
Salz
Muskatnuss

salat von gebratenen beiriedstreifen, trauben, zitrone, koriander & schalotten

lammkoteletts mit cashew-koriander

kokos-panna-cotta mit mango-minz-salat

Die Lammkoteletts auf beiden Seiten salzen und pfeffern, dann mit der Haube versehen: dazu die Cashews, falls sie noch nicht geröstet sind, leicht anrösten, dann diese mit den restlichen Zutaten in der Küchenmaschine gut pürieren (besser ist es, wenn von den Cashews noch kleine Stücke überbleiben). Falls keine Maschine zur Hand: alles feinst hacken und mit der Hand zusammenkneten. Jeweils einen EL Haube auf die Koteletts geben. Ofen auf 220 °C Oberhitze vorheizen, die Koteletts auf der Unterseite im Olivenöl kurz (15–20 Sekunden) anbraten und im Bratgefäß in den Ofen schieben und solange gratinieren, bis die Haube goldgelb brutzelt.

Für das Pürée die Süßkartoffeln schälen, in ca. 2 cm große Würfel schneiden und in Salzwasser weichkochen. Abseihen und mit den entkernten, feingehackten Chillies und den restlichen Zutaten feinst pürieren.

haube & chili-süßkartoffelpürée

salat von gebratenen beiriedstreifen, trauben, zitrone, koriander, schalotten

lammkoteletts mit cashew-korianderhaube und chili-süßkartoffelpürée

kokos-panna-cotta mit mango-minz-salat

400 ml Schlagobers
200 ml Kokosmilch, ungesüßt
40 g Zucker
1 P. Vanillezucker
7 Blatt Gelatine

Schlagobers mit der Kokosmilch, dem Zucker und dem Vanillezucker aufkochen und die in kaltem Wasser eingeweichte Gelatine einrühren, in 4 Formen füllen, die man nachher gut stürzen kann. Mindestens 2–3 Stunden kühlstellen.

1 große, reife Mango
1 kl. Bd. Minze
1–2 EL Zitronensaft
1 TL Honig
2 EL Mandelstifte, geröstet

Die Mango schälen und in feine Würfel schneiden, die Minzblättchen abzupfen und in feine Streifen schneiden, zusammen mit den restlichen Zutaten unter die Mangowürfel mischen.

Die Panna-cotta-Förmchen in heißes Wasser tauchen, den Rand eventuell mit einem Messer etwas lösen und auf einen Teller stürzen. Mit dem Mangosalat servieren.

pikante linsensuppe mit cashew-minz-schöberln

scharfes, cremiges mandelhuhn mit fisolen, limetten-butterreis & joghurt
knuspriger grieß-halva-strudel mit rosinen und zwetschkenröster

2 Zwiebeln
4 Knoblauchzehen
1 großes Stück Ingwer (5 cm)
3–4 EL Öl
150 g rote Linsen
2 Nelken
1 Msp. Chilipulver
½ TL Kreuzkümmel
1 Lorbeerblatt
Salz
1–2 EL Zitronensaft

Die Zwiebeln und den Knoblauch fein würfeln, den Ingwer schälen und fein reiben, alles im Öl glasig braten. Die Linsen einrühren und mit 800 ml Wasser aufgießen, die Gewürze dazugeben und solange köcheln, bis die Linsen weich sind. Das Lorbeerblatt und die Nelken herausnehmen und die Suppe pürieren. Mit Salz und Zitronensaft abschmecken.

Den Ofen auf 180 °C vorheizen, eine mittelgroße Form mit Backpapier auslegen, die Ränder einfetten.

1 Handvoll Cashewnüsse, geröstet
1 Bd. Minze
3 Eier, getrennt
3 EL Mehl
4–5 EL Milch
40 g Butter, geschmolzen
Salz, Muskatnuss

Die Cashewnüsse und die Minzblättchen grob hacken. Die Eidotter mit dem Mehl, der Milch, der Butter, Salz und Muskatnuss zu einer dickflüssigen Masse rühren. Cashews und Minze unterrühren und das steifgeschlagene Eiweiß unterheben und in der gefetteten Form ca. 15–20 Minuten backen, bis die Masse stockt. Nun in Rauten schneiden und mit der Suppe servieren.

pikante linsensuppe mit cashew-minz-schöberln

scharfes, cremiges mandelhuhn mit

knuspriger grieß-halva-strudel mit rosinen und zwetschkenröster

Zwiebeln und Knoblauch klein würfeln, Ingwer schälen und fein reiben, im Butterschmalz goldgelb rösten, nun die Gewürze dazugeben und solange unter Rühren anrösten, bis sie intensiv duften (Vorsicht, dass sie nicht anbrennen!). Nun die Kokosmilch dazugeben und, sobald diese aufkocht, die Hühnerkeulen einlegen. Falls die Keulen nicht ganz bedeckt sind, mit Wasser aufgießen. Etwas salzen und zugedeckt 1,5 Stunden weichschmoren lassen.
Nun Creme fraiche, Mehl, Mandeln und Garam Masala gut vermischen und unter die Hendlsauce mischen. Aufkochen, eventuell noch salzen.
Die Fisolen vom Stiel befreien und in reichlich Salzwasser bissfest kochen, dann zum Hendl geben.

Den Reis in der doppelten Menge Wasser bei ganz geringer Hitze köcheln, dann Butter, Salz und Limettensaft untermischen.

Mit Joghurt servieren.

3 Zwiebeln
7–8 Knoblauchzehen
1 großer Stück Ingwer (5cm)
4 EL Butterschmalz
(oder Öl-Buttermix)

fisolen, limetten-butterreis & joghurt

1 TL Kreuzkümmel
1 TL schwarze Senfsamen
1/2 TL Chilipulver
1/2 TL Koriander
1/2 TL Kurkuma
1/2 Zimtstange
1 Msp. Nelkenpulver
250 ml Kokosmilch, ungesüßt
4 Hühnerkeulen, halbiert
Salz
100 ml Creme fraiche
1 EL Mehl
100 g Mandeln, gemahlen
1 TL Garam Masala
150 g Fisolen

200 g Langkornreis
2–3 Limetten, Saft
4 EL Butter
Salz
150 g Joghurt

Die Zwetschken entkernen und vierteln. Den Zucker mit dem Rotwein und den Nelken aufkochen und die Zwetschken dazugeben, weichköcheln und auf Wunsch teilweise pürieren.

knuspriger grieß-halva-strudel

15 reife Zwetschken
(od. Marillen)
2 EL Zucker
100 ml Rotwein
2 Nelken

200 ml Milch
1–2 EL Rosinen
70 g Zucker
2 EL Butter
1 Msp. Kardamompulver
120 g feines Weizengrieß
1 Eidotter
1 P. Strudelteig
1 Dotter mit
1 EL Milch verquirlt
1 l Öl zum Frittieren od.
2–3 EL Butter, geschmolzen
zum Backen

Staubzucker zum Bestreuen

Die Milch mit Rosinen, Zucker, Butter und Kardamom aufkochen, langsam den Grieß einrieseln lassen und unter Rühren solange köcheln, bis er stark eindickt. Vom Herd nehmen, den Dotter einrühren und komplett abkühlen lassen.
Ein Strudelblatt auf der Arbeitsfläche ausbreiten, mit ganz wenig Dottermilch bestreichen und ein zweites Strudelblatt darauflegen. Nun in 6 Rechtecke schneiden. 2 Seiten davon jeweils mit Dottermilch bestreichen, 1–2 EL Grießmasse daraufgeben und so einrollen, dass eine Tüte entsteht. Die Enden gut andrücken. Das Öl erhitzen und die Strudel darin goldgelb frittieren, auf Küchenpapier abtropfen lassen. Oder den Ofen auf 180 °C vorheizen, die Strudel mit der Butter bestreichen und diese in ca. 10 Minuten goldgelb backen. Mit Staubzucker bestreuen.

mit rosinen und zwetschkenröster

pikante linsensuppe mit cashew-minz-schöberln
scharfes, cremiges mandelhuhn mit fisolen, limetten-butterreis & joghurt

naschkatzen am werk

lange tafel für viele genießer

z'brüadrle ka oh koba!

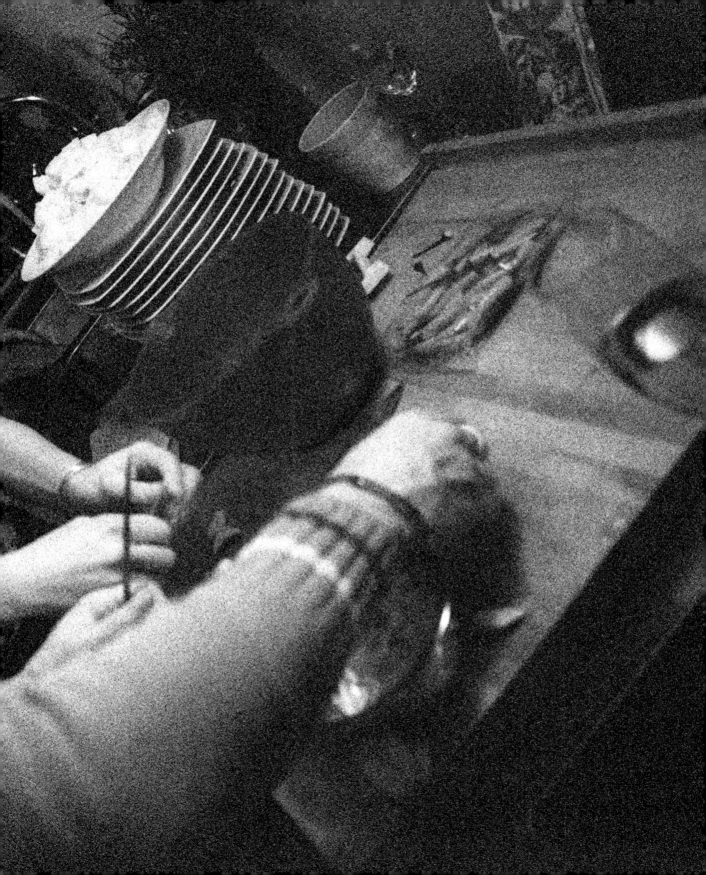

1 große Melanzane
5–6 EL Olivenöl
Salz, Cayennepfeffer

2 Blatt Gelatine
120 g Ziegenfrischkäse
2 EL Olivenöl
150 ml Schlagobers
2 Zweige Thymian
Salz

60 g Belugalinsen
1 Karotte
1 Gelbe Rübe
1 Zucchini
2 EL Butter
1 Schuss Weißwein
1 Fingerspitze Safranfäden
Salz, Pfeffer

ziegenfrischkäse-mousse in melanzane

Die Melanzane längs in 8 dünne Scheiben schneiden, salzen und ca. 15 Minuten liegen lassen, bis das Wasser austritt. Dieses abwischen und dann die Scheiben im Öl anbraten. Mit Salz und Cayennepfeffer würzen.

Die Gelatine in kaltem Wasser einweichen. Den Ziegenfrischkäse mit dem Olivenöl und den abgezupften Thymianblättchen vermischen. Die Gelatine mit 1–2 EL Wasser in einem kleinen Topf erhitzen, bis sie sich auflöst. Unter den Ziegenkäse heben. Nun das steifgeschlagene Obers unterheben und die Masse kühlstellen.

Die Belugalinsen in Salzwasser 15–20 Minuten bissfest kochen. Das Gemüse in 3–4 mm kleine Würfel schneiden und in der Butter kurz anbraten. Mit Weißwein ablöschen, aufkochen und die Safranfäden dazugeben. Nun soviel Wasser dazugeben, dass das Gemüse knapp bedeckt ist. Aufkochen, salzen, pfeffern.

Die Mousse auf das eine Ende der Melanzanescheibe geben und diese dann einrollen. Auf den Linsen anrichten.

auf warmem gemüse-safranlinsen-fond

geschmorte lammkeule mit piment, couscous und (dörr)marillen-chutney
art baklava: blätterteig und pistazieneis geschlichtet, mit haselnuss-honig und physalis

ziegenfrischkäse-mousse in melanzane auf warmem gemüse-safranlinsen-fond

geschmorte lammkeule mit piment, couscous und (dörr)marillen-chutney

art baklava: blätterteig und pistazieneis geschlichtet, mit haselnuss-honig & physalis

1 Lammkeule, zurechtgeputzt
3–4 TL scharfer Senf
5 EL Olivenöl
2 Zwiebeln
8 Knoblauchzehen
1 Karotte, geschält
150 g Sellerieknolle, geschält
200 ml Weißwein
3–4 Lorbeerblätter
1 TL Pimentpulver
2–3 Nelken
12 Pfefferkörner, angedrückt
800 ml Zitronensaft
Salz

Die Keule mit dem Senf rundum einschmieren und 30 Minuten bei Raumtemperatur zugedeckt ziehen lassen. Den Ofen auf 190 °C vorheizen. Die Keule im Olivenöl anbraten und in einen Bräter legen. Nun die grob geschnittenen Zwiebeln, Knoblauch und das Wurzelgemüse im Öl anbraten, mit dem Weißwein ablöschen und aufkochen. Alles nun zum Lamm geben, die Gewürze dazugeben, salzen und in den Ofen schieben. Nach 30 Minuten mit einem Drittel des Orangensafts übergießen. Zweimal wiederholen und insgesamt 2–2½ Stunden braten. Mit einer Fleischgabel oder ähnlichem in die dickste Stelle beim Fleisch stechen, 6 Sekunden warten und die Gabel an die Lippen halten. Ist diese sehr warm bzw. heiß, ist das Lamm fertig (bzw. wenn der Saft, der an der Einstichstelle austritt, nur noch rosa oder ganz klar ist).

200 g Couscous
1 Msp. Kreuzkümmel
3 EL Olivenöl
Salz

600 ml Wasser zum Kochen bringen und über den mit den restlichen Zutaten vermischten Couscous gießen, sehr gut umrühren, abdecken und 10 Minuten quellen lassen.

250 g Marillen, entsteint
12 Dörrmarillen, in Wasser eingeweicht
4 EL Zucker
4 EL Apfelessig
1 Msp. Chilipulver
½ Zimtstange
1 TL schwarze Senfkörner
1 großes Stück Ingwer (5 cm)

Die Marillen und die Dörrmarillen klein würfeln, mit den restlichen Zutaten vermischen und langsam weichköcheln.

art baklava: blätterteig und pistazieneis geschlichtet, mit haselnuss-honig und physalis

ziegenfrischkäse-mousse in melanzane auf warmem gemüse-safranlinsen-fond
geschmorte lammkeule mit piment, couscous und (dörr)marillen-chutney

1 Blätterteig 1 Eidotter mit 1 EL Milch verquirlt	Den Ofen auf 180 °C vorheizen. Den Blätterteig in kleine Dreiecke schneiden, auf Backpapier legen und mit dem Dottergemisch bestreichen. Auf beiden Seiten 4–5 Minuten backen, bis der Teig aufgeht und goldgelb ist.
1 Dotter 1 Ei 60 g Staubzucker 100 g Pistazien, gesalzen u. ausgelöst 250 ml Schlagobers 1 EL Cointreau, optional	Dotter, Ei und Staubzucker in einer Schüssel im Wasserbad sehr hell und cremig aufschlagen, über Eiswasser wieder kühlschlagen, dann die grob gehackten Pistazien untermengen. Das Schlagobers steifschlagen und mit dem Cointreau vorsichtig unterheben, 2 Stunden tiefkühlen, hin und wieder behutsam umrühren.
50 g Haselnüsse, geröstet 50 g flüssiger Honig 1 Orange, Schale	Die Haselnüsse grob hacken und mit dem Honig und der Orangenschale vermischen.
16 Stk. Physalis od. anderes Obst	Die Physalis bis auf jeweils eine pro Portion vierteln.

Nun ein wenig Haselnuss-Honig auf den Teller geben, je ein Blätterteigdreieck darauf platzieren. Etwas Eis darauf geben, ein paar Physalis darauf verteilen, wieder mit einem Teigdreieck bedecken, etwas Honig daraufgeben, die restlichen Physalis rundherum verteilen, die ganzen Physalis auf dem Baklava verteilen. Wer es gefährlich mag, kann eine dritte Etage machen.

Physalis ist eine Beerenart

melonen-gazpacho mit gurke und basilikum

entenbrüsterl mit süß-scharfem essiggemüse und ingwerbutter-erdäpfel-stampf
kokos-trüffel mit flambierter cointreau-ananas

1 dicke, altbackene
Scheibe Weißbrot
1 reife, süße Zuckermelone
1 Gurke
1 rote Paprika
2 Knoblauchzehen
2 Frühlingszwiebeln
(weißer Teil)
2 Chilischoten, ohne Stiel,
entkernt
1 Bd. Basilikum
2–3 Zitronen, Saft
80 ml Olivenöl
Salz

Das Weißbrot in kaltem Wasser einweichen. Die Melone halbieren, die Kerne mit einem Löffel herausschaben, dann in Spalten schneiden und das Fruchtfleisch herausschneiden und kleinwürfeln. Die Gurke längs halbieren, die Enden abschneiden, die Kerne herauskratzen. Sollte die Gurke eine harte Schale haben, diese wegschälen. Gurke ebenfalls in kleine Würfel schneiden und zusammen mit der Melone, der entkernten, kleingeschnittenen Paprika, dem ausgedrückten Weißbrot, dem Knoblauch, den Frühlingszwiebeln, dem Chili, den Basilikumblättern, dem Zitronensaft und Olivenöl feinst pürieren. Salzen und gleich kühlstellen.

entenbrüsterl mit süß-scharfem

kokos-trüffel mit flambierter cointreau-ananas

1 Zucchini
1 Zwiebel
1 rote Paprika
1 Karotte
1 Kohlrabi
100 g Zucker
100 ml Apfelessig
1 EL gemischte Senfkörner
1 Msp. Chili
1 Msp. Kurkuma
1 Msp. Kreuzkümmel
2 Lorbeerblätter

4 größere, mehlige Erdäpfel
80 g weiche Butter
1 großes Stück Ingwer (5 cm)
Salz

2 große Entenbrustfilets
2–3 EL Öl
Salz, Pfeffer

Das Gemüse, wenn nötig, schälen, alles in ca. 1 cm große Stücke schneiden, die Zwiebel in Ringe. Salzen und in einem Sieb 30 Minuten abtropfen lassen. Zucker, Essig und die Gewürze mit 200 ml Wasser aufkochen, das Gemüse zugeben, wieder aufkochen und sogleich in ein Gefäß füllen, am besten 1–2 Tage vor Gebrauch machen, damit alles schön durchziehen kann.

Die Erdäpfel mit der Schale weichkochen, dann noch heiß schälen. Die Butter mit dem geschälten und fein geriebenen Ingwer und etwas Salz mischen, die Erdäpfel auf dem Teller leicht zerdrücken und die Ingwerbutter darauf verteilen.

Den Ofen auf 190 °C vorheizen, die Hautseite der Entenbrüste fein einschneiden. Das Öl erhitzen und die Filets auf der Hautseite kross anbraten, umdrehen, salzen und pfeffern, in eine ofenfeste Form geben und im Ofen noch ca. 10 Minuten braten. Herausnehmen, abgedeckt noch 2–3 Minuten rasten lassen und dann in dünne Scheiben schneiden.

essiggemüse und ingwerbutter-erdäpfel-stampf

tütü tropicale?

melonen-gazpacho mit gurke und basilikum

kokos-trüffel mit flambierter cointreau-ananas

entenbrüsterl mit süß-scharfem essiggemüse und ingwerbutter-erdäpfel-stampf

20 g Butter
20 g Kokosfett
80 ml Schlagobers
200 g weiße Schokolade

20 ml Cointreau
75 g Biskotten, zerkrümelt
75 g Kokosraspel, geröstet
1 Orange, Schale, gerieben

100 Kokosraspel, geröstet

½ Ananas
3 EL feiner Rohrzucker
5 EL Cointreau

Butter, Kokosfett und Schlagobers aufkochen, die kleinge-hackte Schokolade einrühren, bis sie sich aufgelöst hat. Kühlstellen. Den Cointreau mit den Biskotten und den Kokos-raspeln vermengen. Wenn die Schokomasse fest zu werden beginnt, mit dem Mixer nochmal schaumig aufschlagen und die Kokos-Biskotten-Mischung gut unterrühren. Wieder kühlstellen. Wenn die Masse fest, aber noch etwas formbar ist, mit einem Teelöffel kleine Teile abstechen und mit ganz kalten Händen Kugeln formen, die dann in den Kokosras-peln gewälzt werden.

Die Ananas schälen, in Würfel schneiden. Den Zucker in einer Pfanne schmelzen und karamellisieren. Die Ana-naswürfel dazugeben, gut verrühren und mit dem Cointreau ablöschen und gleich anzünden.

geschmortes kalbszüngerl in cidre-senf-sauce mit apfel-erdäpfel-blinis
& karamell-zwieberln

kalbslebercreme mit honig-»schmalz« und sauren apfelspalten

mohnschmarren mit sirup-maulbeeren und birnenmus

200 g Butter
1 große Zwiebel
2 Knoblauchzehen
3 EL Öl
250 g Kalbsleber
ohne Drüsen, ohne Haut
1 großer Zweig Rosmarin
1 Msp. Thymian
Salz, Pfeffer
150 ml Weißwein

80 g Butter
1 TL körniger Senf
3 EL Honig

2 Boskop-Äpfel
3 EL Zitronensaft
1 Prise Safranfäden

Die Butter langsam in einem Topf schmelzen. Die Zwiebel und den Knoblauch fein würfeln, im Öl glasig dünsten. Die Leber in 2 cm große Würfel schneiden, zu den Zwiebeln geben und von allen Seiten scharf anbraten, sodass sie innen aber noch roh ist. Mit den feingehackten Rosmarinnadeln, Thymian, Salz und Pfeffer bestreuen und mit Weißwein ablöschen. Diesen vollständig einköcheln lassen. In einer Küchenmaschine fein pürieren und ganz langsam die flüssige Butter einrieseln lassen. Die Masse sollte immer noch rosa sein. Diese nun in kleine Gläschen oder Tassen füllen und kühlstellen. Wenn die Leber fest geworden ist, die mit dem Senf und dem Honig vermengte Butter darauf verteilen, wieder kühlstellen.

Die Äpfel schälen, in Spalten schneiden. Den Zitronensaft und die Prise Safran mit 100 ml Wasser aufkochen, die Apfelspalten kurz darin aufkochen und abkühlen lassen.

kalbslebercreme mit honig-»schmalz« und sauren apfelspalten

geschmortes kalbszüngerl in cidre- & karamell-zwieberln

mohnschmarren mit sirup-maulbeeren und birnenmus

senf-sauce mit apfel-erdäpfel-blinis

2 Zwiebeln
1 Karotte
1 Gelbe Rübe
150 g Sellerieknolle
4 EL Olivenöl
1 Flasche Cidre demi-brut
2 Kalbszungen
4 Wacholderbeeren
2 Lorbeerblätter
Prise Salz
2 EL körniger Senf

2 große, mehlige Erdäpfel
2 Frühlingszwiebeln
1 großer Boskop-Apfel
3 EL Butter
1 EL Mehl
3 Eier, getrennt
Salz, Muskatnuss
3 EL Öl

2 Zwiebeln
100 g Zucker
40 ml Apfelessig
1 TL Senfkörner
2 Lorbeerblätter
Salz

Die Zwiebeln und das geschälte Wurzelgemüse kleinschneiden und im Öl anbraten, mit dem Cidre aufgießen, aufkochen, etwas salzen. Die gewaschenen Züngerl einlegen, die Gewürze dazugeben und zugedeckt bei ganz schwacher Hitze in 3–4 Stunden weichschmoren. Nun den Senf einrühren.

Die Erdäpfel mit der Schale weichkochen, schälen und noch warm ganz fein zerdrücken. Die Frühlingszwiebeln in feine Ringe schneiden, in der Butter anschwitzen. Den Apfel schälen, fein reiben und mit dem Erdäpfelmus und den Frühlingszwiebeln vermischen. Eidotter, Mehl, Salz und Muskatnuss untermengen. Das Eiweiß steifschlagen und vorsichtig unterheben. In einer Pfanne das Öl nicht zu stark erhitzen und esslöffelweise die Blinimasse in das Öl gleiten lassen, auf beiden Seiten goldgelb backen.

Die Zwiebeln schälen und in große Spalten schneiden. Den Zucker in einem kleinen Topf karamellisieren, den Essig, 200 ml Wasser und die Gewürze dazugeben und 2 Minuten köcheln. Dann die Zwiebeln dazugeben und weitere 2 Minuten kochen, abfüllen.

kalbslebercreme mit honig-»schmalz« und sauren apfelspalten

mohnschmarren mit sirup-maulbeeren und birnenmus

*geschmortes kalbszüngerl in cidre-senf-sauce mit apfel-erdäpfel-blinis
& karamell-zwieberln*

4 Eier, getrennt
125 ml Milch
80 g Mehl
30 g Mohnsamen
Prise Salz
½ P. Vanillezucker
30 g Zucker
3 EL Butter, geschmolzen
2 EL Butter für die Pfanne
Staubzucker
80 g Maulbeeren
50 g Zucker
20 ml Zwetschkenlikör
1 Nelke

3 reife Birnen
1 EL Zitronensaft
1 TL Zucker

Die Dotter mit der Milch, dem Mehl, dem Mohn, Salz, Vanillezucker und der Butter vermengen, dann das steifgeschlagene Eiweiß unterheben. In einer Pfanne 2 EL Butter schmelzen, die Masse einfüllen, zudecken und fast stocken lassen. Nun mit einer Spachtel grob zerpflücken und fertig braten. Mit Staubzucker bestreuen.

Den Zucker mit 100 ml Wasser und der Nelke auf die Hälfte einkochen, den Likör und die Maulbeeren dazugeben und 20 Minuten rasten lassen.

Die Birnen schälen, entkernen und mit dem Zitronensaft und Zucker pürieren.

deutsch ist nicht gleich dütsch:

zutaten & co in unterschiedlichen deutschvarianten

zutaten, die hier nicht erwähnt wurden, wurden entweder nicht böswillig vernächlässigt oder sind tatsächlich in allen drei sprach-gattungen gleich (z.b. avocado)

hochdeutsch	österreich verbreitetst	vorarlbergerisch
artischocke	artischocke	artischocka
brennessel	brennessel	brenäsla
blumenkohl	karfiol	bluamakohl
grüne bohnen	fisolen	grüane böhnile
gurke	gurke	gurgga
karotten	karotten	gälrüable
kartoffeln	erdäpfel	kartoffla oder erdöpfl
kohl	kohl	kohl
kohlsprossen	sprossenkohl	sprossakohl
meerrettich	kren	kren
radieschen	radieschen	radiesle
rote bete	rote rüben	randig
sauerrampfer	sauerrampfer	surrampfr
schwarzwurzeln	schwarzwurzeln	schwarzwurzla
sellerie	sellerie	zeller
spinat	spinat	schpinat
tomaten	paradeiser	tomata
zwiebeln	zwiebeln	zwibla
liebstöckl	maggiekraut	maggikrut
apfel	apfel	öpfl
birne	birne	biara
datteln	datteln	dattl
feigen	feigen	fiega
pflaumen	pflaumen	pflumma
trauben	trauben	truba
zitronen	zitronen	zitrona
huhn	hendl	henile
leber	leber	läbra
blutwurst	blunz'n	bluatwurscht
süßrahm	schlagobers	rahm
quark	topfen	topfa (red net so an topfa)
braten	braten	brota oder brötla
glasig dünsten	anschwitzen	adünschta
schneiden	schneiden	schnieda

rezeptregister